Cocina Paleo

Revive Tu Dieta con Comidas Sabrosas y Saludables

María Fernández

Indice

Costillas ahumadas con salsa de manzana y mostaza Mopa 8
costillas 8
INMERSIÓN 8
Costillas de cerdo asadas a la barbacoa con ensalada de piña fresca 11
estofado de cerdo picante 13
Estofado húngaro 13
repollo 13
Pastel de carne con salchicha marinara, rodajas de hinojo y cebolla frita 15
pasta 15
en puerto deportivo 15
Barcos de calabacín rellenos de cerdo con albahaca y piñones 18
Tazones de fideos con piña y cerdo al curry con leche de coco y especias 20
Empanada de cerdo picante a la parrilla con ensalada de pepino picante 22
Pizza con masa de calabacín, pesto de tomates secos, pimientos y salchicha italiana 24
Pierna de cordero ahumada al limón y cilantro con espárragos a la plancha 27
plato de cordero caliente 30
Cordero al vapor con pasta de raíz de apio 32
Chuletas de cordero con salsa picante de granada y dátiles 34
chatney 34
costillas de cordero 34
Chimichurri de chuletas de cordero con sal de rábano y repollo 36
Chuletas de cordero con anchoas y remoulade de salvia, zanahoria y boniato 38
Hamburguesa de cordero rellena de la huerta con coulis de pimiento rojo 40
coulis de pimiento rojo 40
Hamburguesa 40
Brochetas de cordero con doble orégano y salsa tzatziki 44
brochetas de cordero 44
Salsa Tzatziki Griega 44
Pollo frito con azafrán y limón 46
Pollo Spatchcocked Con Ensalada De Jícama 48
Pollo 48

Ensalada de col 48
Pollo al horno con vodka, zanahoria y salsa de tomate 51
Poulet Rôti y patatas fritas de rutabaga 53
Coq au Vin de tres champiñones con colinabo y puré de cebollino 55
Muslos glaseados con brandy y melocotón 58
Glaseado de brandy de durazno 58
Pollo marinado en chile con ensalada de mango y melón 60
Pollo 60
Ensalada 60
Muslos de pollo estilo tandoori con raita de pepino 63
Pollo 63
Raita de Pepino 63
Pollo al curry al vapor con tubérculos, espárragos y manzana verde con menta 65
Ensalada Paillard De Pollo A La Parrilla Con Frambuesas, Remolacha Y Almendras Tostadas 67
Pechuga de pollo rellena de brócoli con salsa de tomate fresco y ensalada césar 70
Rollitos de Shawarma de pollo a la parrilla con hierbas y salsa de piñones 73
Pechuga de pollo frita con champiñones, puré de coliflor al ajillo y espárragos fritos
.... 75
Sopa de pollo al estilo tailandés 77
Pollo a la plancha con limón y salvia con escarola 79
Pollo con cebollino, berros y rábanos 82
Pollo tikka masala 84
Muslos de pollo Ras el Hanout 87
Muslo de pollo sobre espinacas guisado en adobo de carambola 89
Tacos de pollo y repollo poblano con mayonesa de chipotle 91
Estofado De Pollo Con Zanahorias Baby Y Bok Choy 93
Pollo mezclable con anacardos, naranjas y pimientos dulces en envoltura de ensalada 95
Pollo vietnamita con coco y limoncillo 97
Ensalada de escarola de manzana y pollo a la plancha 100
Sopa de pollo toscana con col negra 102
manteca de pollo 104
Hamburguesa de pollo con salsa de anacardos Széchwani 106
Salsa de anacardos Széchwani 106
rollo de pollo turco 108

gallinas de cornualles españolas 110

Pechuga de pato con ensalada de granada y jícama 113

Pavo asado con puré de raíz de ajo 115

Pechuga de pavo rellena de pesto y rúcula 118

Pechuga de pavo picante con salsa barbacoa de cerezas 120

Filete de pavo al vino 122

Pechuga de pavo picada con salsa de cebollino y camarones 125

Pavo guisado con tubérculos 127

Verduras de pavo con ketchup de cebolla caramelizada y ketchup de repollo asado
.... 129

camisa de pavo 131

caldo de huesos de pollo 133

Salmón harissa verde 136

Salmón 136

Harissa 136

Semillas de girasol picantes 136

Ensalada 137

Salmón a la plancha con ensalada de corazones de alcachofa marinados 140

Salmón con chile y salvia cocinado en Instant Pot con salsa de tomate verde 142

Salmón 142

salsa de tomate verde 142

Salmón al horno y espárragos en Papillote con pesto de limón y avellanas 145

Salmón especiado con champiñones y salsa de manzana 147

Lenguado en papillote con verduras en juliana 150

Tacos de pesto de rúcula con crema de lima ahumada 152

Wrap de bacalao y calabacín a la plancha con salsa picante de mango y albahaca 155

Bacalao cocido al Riesling con tomates rellenos de pesto 157

Bacalao a la plancha con costra de pistachos y cilantro sobre puré de boniato 159

Bacalao al romero y mandarina con brócoli asado 161

Rollitos de ensalada de bacalao con rábanos en escabeche 163

Limón manchado e hinojo al horno 165

Pargo rojo con costra de nueces con remoulade, okra cajún y tomate 167

Empanadas de atún al estragón con aguacate y alioli de limón 170

Tagine de lubina rayada 173

bullabesa de mariscos 175

Ceviche clásico de camarones	177
Ensalada de camarones con coco rallado y espinacas	180
Ceviche tropical de camarones y vieiras	182
Gambas al ajillo con espinacas asadas y achicoria	184
Ensalada de cangrejo con aguacate, pomelo y jícama	186
Cola de langosta estofada al estilo cajún con alioli de estragón	188
Mejillones fritos con alioli de azafrán	190
chips de chirivía	190
alioli de azafrán	190
las conchas	190
Mejillones al horno con salsa de remolacha	193
Vieiras a la plancha con salsa de pepino y eneldo	196
Mejillones a la plancha con tomate, aceite de oliva y salsa de verduras	199
Vieiras y salsa	199
Ensalada	199
Coliflor frita con comino con hinojo y cebolletas	201
Salsa espesa de tomate y berenjena con espaguetis de calabaza	203
Hongos Portobello guisados	205
achicoria asada	207
Hinojo asado con vinagreta de naranja	208
col rizada punjabi	211
Calabaza asada con canela	213
Espárragos a la plancha con huevo escalfado y nueces	214
Ensalada crujiente con rábanos, mango y menta	216
Col rizada asada con limón dulce	217
Repollo asado con naranja y vinagre balsámico	218

COSTILLAS AHUMADAS CON SALSA DE MANZANA Y MOSTAZA MOPA

BUZO:1 hora de reposo: 15 minutos ahumado: 4 horas de cocción: 20 minutos rendimiento: 4 porciones<u>FOTO</u>

LA CARNE TIENE UN RICO SABOR Y TEXTURA.LAS COSTILLAS AHUMADAS NECESITAN ALGO FRESCO Y CRUJIENTE. CASI TODAS LAS ENSALADAS SON ADECUADAS, PERO LA ENSALADA DE HINOJO (VER<u>RECETA</u>Y EN LA FOTO<u>AQUI</u>), ES PARTICULARMENTE BUENO.

COSTILLAS
- 8-10 manzanos o nueces
- 3-3½ libras de costillas
- ¼ de taza de especias ahumadas (ver<u>receta</u>)

INMERSIÓN
- 1 manzana a medio cocer, pelada, sin corazón y en rodajas finas
- ¼ taza de cebolla picada
- ¼ taza de agua
- ¼ de taza de vinagre de manzana
- 2 cucharadas de mostaza Dijon (ver<u>receta</u>)
- 2-3 cucharadas de agua

1. Al menos una hora antes de fumar, remoje las astillas de madera en suficiente agua para cubrirlas. Escurrir antes de usar. Quite la grasa visible de las costillas. Si es necesario, retire la fina membrana de la parte posterior de las costillas. Coloque las costillas en una sartén grande y poco profunda. Espolvorea uniformemente con especias ahumadas; Frote con los dedos. Dejar reposar a temperatura ambiente durante 15 minutos.

2. Coloque carbón precalentado, astillas de madera escurridas y una taza de agua en el ahumador según las instrucciones del fabricante. Vierta el agua en la sartén. Coloque las costillas, con el hueso hacia abajo, sobre la rejilla sobre una cacerola con agua. (O coloque las costillas en una rejilla; colóquelas en la parrilla). Cubra y ahúme durante 2 horas. Mantenga una temperatura de aproximadamente 225 °F en el ahumador durante todo el período de ahumado. Agregue más carbón y agua según sea necesario para mantener la temperatura y la humedad.

3. Mientras tanto, para la salsa para fregona, combine las rodajas de manzana, la cebolla y ¼ de taza de agua en una cacerola pequeña. Déjalo hervir; reduce el calor. Tape y cocine a fuego lento durante 10 a 12 minutos, o hasta que las rodajas de manzana estén muy firmes, revolviendo ocasionalmente. Déjalo enfriar un poco; Coloque la manzana y la cebolla escurrida en un procesador de alimentos o licuadora. Cubra y procese o mezcle hasta que quede suave. Regresa el puré a la sartén. Agrega el vinagre y la mostaza de Dijon. Cocine a fuego medio-bajo durante 5 minutos, revolviendo ocasionalmente. Agregue 2-3 cucharadas de agua (o más si es necesario) para que la salsa tenga la consistencia de una vinagreta. Divide la salsa en tres partes.

4. Después de dos horas, rocíe generosamente las costillas con un tercio de la salsa para fregar. Tapar y ahumar durante una hora más. Untarlo nuevamente con un tercio de la salsa fregona. Envuelva cada costilla en papel de aluminio grueso y devuélvalas al ahumador, superponiéndolas si es

necesario. Cubra y ahúme durante otra hora u hora y media, o hasta que las costillas estén calientes. *

5. Retire las costillas y unte con el tercio restante de la salsa para fregona. Sirve las costillas cortadas entre los huesos.

* Consejo: Para probar la sensibilidad de sus férulas, retire con cuidado la lámina de una de las placas de la férula. Retire el plato con un bolígrafo, manteniendo el plato alejado del cuarto superior del plato. Voltee la costilla de modo que el lado de la carne quede hacia abajo. Si las costillas están tiernas, el plato debería romperse al retirarlo. Si no están tiernas, envuélvelas en papel de aluminio y continúa ahumando las costillas hasta que estén tiernas.

COSTILLAS DE CERDO ASADAS A LA BARBACOA CON ENSALADA DE PIÑA FRESCA

TAREAS ESCOLARES:20 minutos de cocción: 8 minutos de cocción: 1 hora 15 minutos rendimiento: 4 porciones

LAS COSTILLAS ESTILO CAMPESINO SON CARNOSAS,ES BARATO Y CON EL TRATAMIENTO ADECUADO, COMO COCER AL VAPOR Y COCINAR A FUEGO LENTO EN MUCHAS SALSAS BARBACOA, SE ABLANDA HASTA EL PUNTO DE DERRETIRSE.

2 libras de costillas deshuesadas estilo campestre
¼ cucharadita de pimienta negra
1 cucharada de aceite de coco refinado
½ taza de jugo de naranja fresco
1½ tazas de salsa barbacoa (ver receta)
3 tazas de col verde y/o lombarda picada
1 taza de zanahorias ralladas
2 tazas de piña finamente picada
⅓ taza de vinagreta de cítricos brillante (ver receta)
Salsa barbacoa (ver receta) (opcional)

1. Precaliente el horno a 350°F. Espolvorea la carne de cerdo con pimienta. En una sartén extra grande, calienta el aceite de coco a fuego medio-alto. Agrega las costillas de cerdo; cocine de 8 a 10 minutos o hasta que esté uniformemente dorado y dorado. Coloque las costillas en una fuente para hornear rectangular de 3 cuartos.

2. Agregue el jugo de naranja a la salsa en la sartén y revuelva para raspar los trozos marrones. Agrega 1½ tazas de salsa barbacoa. Vierta la salsa sobre las costillas. Voltee las

costillas para cubrirlas con la salsa (si es necesario, use una brocha de repostería para cubrir las costillas con la salsa). Cubra bien la sartén con papel de aluminio.

3. Cocine las costillas durante una hora. Retire el papel de aluminio y unte las costillas con salsa de una fuente para horno. Cocine por 15 minutos más, o hasta que las costillas estén tiernas y doradas y la salsa se haya espesado un poco.

4. Mientras tanto, mezcla la vinagreta de repollo, zanahoria, piña y cítricos para la ensalada de piña. Cubra y refrigere hasta que esté listo para servir.

5. Sirve las costillas con la ensalada y, si lo deseas, más salsa barbacoa.

ESTOFADO DE CERDO PICANTE

TAREAS ESCOLARES:20 minutos de cocción: 40 minutos rendimiento: 6 porciones

ESTE GUISO HÚNGARO SE SIRVESOBRE UNA CAMA DE REPOLLO CRUJIENTE RECIÉN MARCHITO PARA OBTENER UN PLATO ÚNICO. MACHACA LAS SEMILLAS DE COMINO EN UN MORTERO SI LAS TIENES A MANO. DE LO CONTRARIO, TRITÚRELOS CON EL LADO ANCHO DE UN CUCHILLO DE CHEF PRESIONANDO SUAVEMENTE EL CUCHILLO CON EL PUÑO.

ESTOFADO HÚNGARO

- 1½ libras de carne de cerdo molida
- 2 tazas de pimientos rojos, naranjas y/o amarillos picados
- ¾ taza de cebolla morada finamente picada
- 1 cebolla morada fresca, sin corazón y finamente picada (ver se puede decidir)
- 4 cucharaditas de mezcla de especias ahumadas (ver receta)
- 1 cucharadita de anís, picado
- ¼ cucharadita de mejorana u orégano molido
- 1 lata de 14 onzas de tomates picados sin sal y sin escurrir
- 2 cucharadas de vinagre de vino tinto
- 1 cucharada de ralladura de limón finamente rallada
- ⅓ taza de perejil fresco picado

REPOLLO

- 2 cucharadas de aceite de oliva
- 1 cebolla morada mediana, finamente picada
- 1 repollo verde o morado, sin semillas y en rodajas finas

1. Para el gulash, cocine la carne de cerdo molida, el pimiento morrón y la cebolla en una olla grande a fuego medio-alto durante 8 a 10 minutos, o hasta que la carne de cerdo ya no esté rosada y las verduras estén tiernas y crujientes, revolviendo con una cuchara de madera. . para romper la

carne. Escurrir la grasa. Reduzca el fuego al mínimo; agregue los chiles rojos, las especias ahumadas, las semillas de comino y la mejorana. Tape y cocine por 10 minutos. Agrega los tomates escurridos y el vinagre. Déjalo hervir; reduce el calor. Cocine tapado durante 20 minutos.

2. Mientras tanto, calienta el aceite para el repollo en una sartén extra grande a fuego medio. Agrega la cebolla y cocina hasta que se ablande, aproximadamente 2 minutos. Agrega el repollo; mezclarlo. Reducir el fuego al mínimo. Cocine durante unos 8 minutos o hasta que el repollo esté tierno, revolviendo ocasionalmente.

3. Cuando esté listo para servir, vierta un poco de la mezcla de repollo en un plato. Extender sobre el gulash y espolvorear con ralladura de limón y perejil.

PASTEL DE CARNE CON SALCHICHA MARINARA, RODAJAS DE HINOJO Y CEBOLLA FRITA

TAREAS ESCOLARES:Cocción 30 minutos: Cocción 30 minutos: 40 minutos Rinde: 4-6 porciones

ESTA RECETA ES UN RARO EJEMPLO.UN PRODUCTO ENLATADO QUE FUNCIONA IGUAL DE BIEN, SI NO MEJOR, QUE LA VERSIÓN FRESCA. A MENOS QUE TENGAS TOMATES MUY, MUY MADUROS, LOS TOMATES FRESCOS NO TENDRAN LA MISMA TEXTURA QUE LOS TOMATES ENLATADOS. ASEGÚRATE DE UTILIZAR UN PRODUCTO SIN SAL AÑADIDA, PREFERIBLEMENTE ORGÁNICO.

PASTA
- 2 huevos grandes
- ½ taza de harina de almendras
- 8 dientes de ajo picados
- 6 cucharadas de vino blanco seco
- 1 cucharada de pimentón
- 2 cucharaditas de pimienta negra
- 1 cucharadita de semillas de hinojo, ligeramente trituradas
- 1 cucharadita de orégano seco, picado
- 1 cucharadita de tomillo seco, picado
- ¼-½ cucharadita de pimienta de cayena
- 1½ libras de carne de cerdo molida

EN PUERTO DEPORTIVO
- 2 cucharadas de aceite de oliva
- 2 latas de 15 onzas de tomates triturados sin sal o 1 lata de 28 onzas de tomates triturados sin sal
- ½ taza de albahaca fresca picada
- 3 hinojos medianos, partidos por la mitad, sin corazón y en rodajas finas

1 cebolla dulce grande, cortada por la mitad y en rodajas finas

1. Precaliente el horno a 375°F. Forre una bandeja para hornear con borde grande con papel pergamino; dejar de lado, ignorar. En un bol grande mezcle los huevos, la harina de almendras, 6 dientes de ajo picados, 3 cucharadas de vino, pimentón, 1 1/2 cucharaditas de pimienta negra, semillas de hinojo, orégano, tomillo y pimienta de cayena. Agrega la carne de cerdo; mezclar bien. Forme hamburguesas de 1 1/2 pulgada con la carne de cerdo (rinde unas 24 hamburguesas); colóquelo en una sola capa sobre la bandeja para hornear preparada. Hornee durante unos 30 minutos o hasta que esté ligeramente dorado, volteándolo una vez durante la cocción.

2. Mientras tanto, para la salsa marinara, caliente 1 cucharada de aceite de oliva en una olla de 4 a 6 cuartos. Agrega los 2 dientes de ajo picados restantes; cocine durante aproximadamente 1 minuto o hasta que comience a dorarse. Agrega rápidamente las 3 cucharadas restantes de vino, los tomates triturados y la albahaca. Déjalo hervir; reduce el calor. Cocine a fuego lento durante 5 minutos. Mezcla con cuidado las albóndigas cocidas con la salsa marinara. Tapar y cocinar a fuego lento durante 25-30 minutos.

3. Mientras tanto, calienta la cucharada restante de aceite de oliva en una sartén grande a fuego medio. Añade el hinojo y la cebolla picados. Cocine de 8 a 10 minutos o hasta que estén tiernos y ligeramente dorados, revolviendo con frecuencia. Sazone con la ½ cucharadita restante de

pimienta negra. Sirva las albóndigas y la salsa marinara sobre el hinojo y la cebolla salteados.

BARCOS DE CALABACÍN RELLENOS DE CERDO CON ALBAHACA Y PIÑONES

TAREAS ESCOLARES:20 minutos de cocción: 22 minutos de cocción: 20 minutos rendimiento: 4 porciones

A LOS NIÑOS LES ENCANTARA ESTE DIVERTIDO PLATO.CALABACINES RELLENOS DE CARNE DE CERDO PICADA, TOMATES Y PIMIENTOS DULCES. SI ES NECESARIO, AGREGUE 3 CUCHARADAS DE PESTO DE ALBAHACA (VERRECETA) EN LUGAR DE ALBAHACA FRESCA, PEREJIL Y PIÑONES.

2 calabacines medianos

1 cucharada de aceite de oliva virgen extra

12 onzas de carne de cerdo molida

¾ taza de cebolla picada

2 dientes de ajo picados

1 taza de tomates picados

⅔ taza de pimiento amarillo o naranja picado

1 cucharadita de semillas de hinojo, ligeramente trituradas

½ cucharadita de hojuelas de pimiento rojo triturado

¼ taza de albahaca fresca picada

3 cucharadas de perejil fresco cortado en tiras

2 cucharadas de piñones tostados (verse puede decidir) y picar en trozos grandes

1 cucharadita de ralladura de limón finamente rallada

1. Precaliente el horno a 350°F. Corta los calabacines por la mitad a lo largo y raspa con cuidado el centro, dejando una piel de ¼ de pulgada de grosor. Picar la piel del calabacín en trozos grandes y reservar. Coloque la mitad del calabacín con el lado cortado hacia arriba en una bandeja para hornear forrada con papel de aluminio.

2. Para el relleno, calienta el aceite de oliva en una sartén grande a fuego medio-alto. Agrega la carne de cerdo molida; cocine hasta que ya no esté rosado, desmenuce la carne, revolviendo con una cuchara de madera. Escurrir la grasa. Reduzca el fuego a medio. Agrega la pulpa de calabacín reservada, la cebolla y el ajo; cocine y revuelva durante unos 8 minutos o hasta que las cebollas estén suaves. Agrega los tomates, el pimiento morrón, las semillas de hinojo y la guindilla picada. Cocine durante unos 10 minutos o hasta que los tomates estén suaves y empiecen a desmoronarse. Retire la sartén del fuego. Agrega la albahaca, el perejil, los piñones y la ralladura de limón. Divida el relleno entre las pieles de calabacín, formando un pequeño montón. Cocine durante 20-25 minutos o hasta que la piel del calabacín esté crujiente.

TAZONES DE FIDEOS CON PIÑA Y CERDO AL CURRY CON LECHE DE COCO Y ESPECIAS

TAREAS ESCOLARES: 30 minutos de cocción: 15 minutos de cocción: 40 minutos rendimiento: 4 porciones FOTO

1 calabaza espagueti grande
2 cucharadas de aceite de coco refinado
1 kg de carne de cerdo picada
2 cucharadas de cebollino finamente picado
2 cucharadas de jugo de lima fresco
1 cucharada de jengibre fresco picado
6 dientes de ajo, picados
1 cucharada de limoncillo picado
1 cucharada de curry rojo tailandés sin sal
1 taza de pimiento rojo triturado
1 taza de cebolla picada
½ taza de zanahorias
1 bok choy picado (3 tazas)
1 taza de champiñones frescos picados
1-2 chiles tailandeses en rodajas finas (verse puede decidir)
1 13,5 oz de leche de coco (como Nature's Way)
½ taza de caldo de huesos de pollo (verreceta) o caldo de pollo sin sal
¼ de taza de jugo de piña fresco
3 cucharadas de mantequilla de anacardo sin sal y sin aceite añadido
1 taza de piña fresca picada
rodaja de limon
Cilantro fresco, menta y/o albahaca tailandesa
Anacardos tostados picados

1. Precaliente el horno a 400 F. Cocine los espaguetis en el microondas a temperatura alta durante 3 minutos. Corta con cuidado el tallo a lo largo y raspa las semillas. Frote el lado cortado de la chalota con 1 cucharada de aceite de coco. Coloque las calabazas con el lado cortado hacia abajo en una bandeja para hornear. Hornee durante 40 a 50 minutos o hasta que la calabaza se pueda perforar fácilmente con un cuchillo. Con las púas de un tenedor, retire la piel de la carne y manténgala caliente hasta que esté lista para servir.

2. Mientras tanto, en un tazón mediano, combine la carne de cerdo, las cebolletas, el jugo de lima, el jengibre, el ajo, la hierba de limón y el curry en polvo; mezclar bien. En una sartén muy grande, calienta la cucharada restante de aceite de coco a fuego medio-alto. Agrega la mezcla de carne de cerdo; cocine hasta que ya no esté rosado, desmenuce la carne, revolviendo con una cuchara de madera. Agrega el pimiento morrón, la cebolla y la zanahoria; cocine y revuelva durante unos 3 minutos o hasta que las verduras estén tiernas y crujientes. Agrega el bok choy, los champiñones, los chiles, la leche de coco, el caldo de huesos de pollo, el jugo de piña y la mantequilla de anacardo. Déjalo hervir; reduce el calor. Agrega la piña; cocine a fuego lento sin tapar hasta que esté completamente caliente.

3. Para servir, divida los espaguetis de calabaza en cuatro tazones. Sirve el cerdo al curry sobre la calabaza. Sirva con aros de limón, especias y anacardos.

EMPANADA DE CERDO PICANTE A LA PARRILLA CON ENSALADA DE PEPINO PICANTE

TAREAS ESCOLARES:30 minutos a la parrilla: 10 minutos descanso: 10 minutos Rinde: 4 porciones

ENSALADA DE PEPINO CRUJIENTESAZONADA CON MENTA FRESCA, ES UNA ADICIÓN REFRESCANTE Y REFRESCANTE A LAS HAMBURGUESAS DE CERDO PICANTES.

- ⅓ taza de aceite de oliva
- ¼ taza de menta fresca picada
- 3 cucharadas de vinagre de vino blanco
- 8 dientes de ajo picados
- ¼ cucharadita de pimienta negra
- 2 pepinos medianos, cortados en rodajas muy finas
- 1 cebolla pequeña, en rodajas finas (aproximadamente ½ taza)
- 1¼ a 1½ libras de carne de cerdo molida
- ¼ de taza de cilantro fresco picado
- 1-2 chiles jalapeños o serranos frescos medianos, sin semillas (si es necesario) y picados (verse puede decidir)
- 2 pimientos rojos medianos, sin semillas y cortados en cuartos
- 2 cucharaditas de aceite de oliva

1. En un tazón grande, combine ⅓ taza de aceite de oliva, menta, vinagre, 2 dientes de ajo picados y pimienta negra. Agrega el pepino y la cebolla en rodajas. Mezclar hasta que esté bien cubierto. Cubra y refrigere hasta que esté listo para servir, revolviendo una o dos veces.

2. En un tazón grande, combine la carne de cerdo, el cilantro, el ají y los 6 dientes de ajo picados restantes. Forme cuatro hamburguesas de ¾ de pulgada de grosor.

Condimente ligeramente una cuarta parte del pimiento con 2 cucharaditas de aceite de oliva.

3. Coloque las hamburguesas y los cuartos de pimiento directamente sobre una parrilla de carbón o gas a fuego medio. Cubra y cocine hasta que un termómetro de lectura instantánea insertado en los lados de la carne de cerdo registre 160 °F y los cuartos de pimiento estén tiernos y ligeramente dorados, volteando las albóndigas y los cuartos de pimiento de vez en cuando. A mitad de cocción. Espere de 10 a 12 minutos para los bollos y de 8 a 10 minutos para los cuartos de pimiento.

4. Cuando los cuartos de pimiento estén cocidos, envuélvalos en papel de aluminio para encerrarlos por completo. Déjelo reposar durante unos 10 minutos o hasta que esté lo suficientemente frío como para manipularlo. Retire con cuidado la piel del pimiento con un cuchillo afilado. Corta el pimiento a lo largo en trozos pequeños.

5. Para servir, mezcle la ensalada de pepino y distribúyala uniformemente entre cuatro platos grandes para servir. Agrega una hamburguesa de cerdo a cada comida. Apila las rodajas de chile de manera uniforme sobre los bollos.

PIZZA CON MASA DE CALABACÍN, PESTO DE TOMATES SECOS, PIMIENTOS Y SALCHICHA ITALIANA

TAREAS ESCOLARES:30 minutos de cocción: 15 minutos de cocción: 30 minutos rendimiento: 4 porciones

ESTO ES PIZZA CON CUCHILLO Y TENEDOR.ASEGÚRATE DE PRESIONAR LIGERAMENTE LA SALCHICHA Y LOS PIMIENTOS EN LA MASA CUBIERTA DE PESTO PARA QUE LOS INGREDIENTES SE PEGUEN LO SUFICIENTE COMO PARA CORTAR LA PIZZA PERFECTAMENTE.

- 2 cucharadas de aceite de oliva
- 1 cucharada de almendras finamente picadas
- 1 huevo grande, ligeramente batido
- ½ taza de harina de almendras
- 1 cucharada de orégano fresco picado
- ¼ cucharadita de pimienta negra
- 3 dientes de ajo, picados
- 3½ tazas de calabacines rallados (2 medianos)
- Salchicha italiana (ver receta, bajo)
- 1 cucharada de aceite de oliva virgen extra
- 1 pimiento dulce (amarillo, rojo o partido por la mitad), sin semillas y cortado en tiras muy finas
- 1 cebolla pequeña, en rodajas finas
- Pesto de tomate seco (ver receta, bajo)

1. Precaliente el horno a 425°F. Engrase un molde para pizza de 12 pulgadas con 2 cucharadas de aceite de oliva. Espolvorea con almendras picadas; dejar de lado, ignorar.

2. Para la base, mezcla los huevos, la harina de almendras, el orégano, la pimienta negra y el ajo en un bol grande.

Coloque el calabacín rallado sobre un paño o paño de cocina limpio. lo empacamos bien

PIERNA DE CORDERO AHUMADA AL LIMÓN Y CILANTRO CON ESPÁRRAGOS A LA PLANCHA

BUZO:30 minutos preparación: 20 minutos asado: 45 minutos reposo: 10 minutos
Producción: 6-8 porciones

SENCILLO PERO ELEGANTE, ESTE PLATO LO TIENE.DOS INGREDIENTES QUE COBRAN VIDA EN PRIMAVERA: CORDERO Y ESPÁRRAGOS. TOSTAR SEMILLAS DE CILANTRO RESALTA EL SABOR CÁLIDO, TERROSO Y LIGERAMENTE ÁCIDO.

- 1 taza de astillas de madera de nogal americano
- 2 cucharadas de semillas de cilantro
- 2 cucharadas de ralladura de limón finamente rallada
- 1½ cucharaditas de pimienta negra
- 2 cucharadas de tomillo fresco picado
- 1 pierna de cordero deshuesada, 2-3 libras
- 2 manojos de espárragos frescos
- 1 cucharada de aceite de oliva
- ¼ cucharadita de pimienta negra
- 1 limón cortado en cuartos

1. Al menos 30 minutos antes de cocinar, sumerja las cáscaras de coco en un recipiente con suficiente agua para cubrirlas; dejar de lado, ignorar. Mientras tanto, tuesta las semillas de cilantro en una cacerola pequeña a fuego medio durante unos 2 minutos o hasta que estén fragantes y crujientes, revolviendo con frecuencia. Retire las semillas de la sartén; dejar enfriar. Cuando las semillas se hayan enfriado, tritúrelas en un mortero (o coloque las semillas en una tabla de cortar y tritúrelas con el dorso de una cuchara de madera). En un tazón pequeño, combine

las semillas de cilantro trituradas, la ralladura de limón, 1 1/2 cucharaditas de pimienta de Jamaica y el tomillo; dejar de lado, ignorar.

2. Retire la red del cordero asado, si está presente. Abra la parrilla sobre una superficie de trabajo, con la grasa hacia abajo. Espolvorea la mitad de la mezcla de especias sobre la carne; Frote con los dedos. Enrolla el asado y átalo con cuatro o seis trozos de hilo de cocina 100% algodón. Espolvorea el resto de la mezcla de especias sobre el exterior del asado, presionando ligeramente para que se pegue.

3. Para asar con carbón, coloque las brasas alrededor de una bandeja de goteo a fuego medio. Pruebe a fuego medio en una sartén. Espolvorea las astillas de madera escurridas sobre el carbón. Coloque el cordero asado sobre la rejilla de la bandeja de goteo. Cubra y ahúme durante 40 a 50 minutos a fuego medio (145°F). (Precaliente con parrilla de gas. Reduzca el fuego a medio. Configure para cocción indirecta. Ahúme como se indica arriba, excepto que agregue astillas de madera escurridas de acuerdo con las instrucciones del fabricante). Cubra las carnes asadas con papel de aluminio. Dejar reposar 10 minutos antes de cortar.

4. Mientras tanto, corta las puntas leñosas de los espárragos. En un tazón grande, mezcle los espárragos con el aceite de oliva y ¼ de cucharadita de pimienta. Coloque los espárragos alrededor de los bordes exteriores de la parrilla, directamente sobre las brasas y perpendiculares a las rejillas de la parrilla. Cubra y ase durante 5-6

minutos hasta que esté crujiente y suave. Presione los aros de limón sobre los espárragos.

5. Quitar el hilo del cordero asado y cortar la carne en rodajas finas. La carne se sirve con espárragos asados.

PLATO DE CORDERO CALIENTE

TAREAS ESCOLARES: 30 minutos tiempo de cocción: 2 horas y 40 minutos Rinde: 4 porciones

CALIENTA CON ESTE DELICIOSO GUISOEN UNA NOCHE DE OTOÑO O INVIERNO. EL GUISO SE SIRVE SOBRE UN PURÉ ATERCIOPELADO DE APIO NABO Y CHIRIVÍA AROMATIZADO CON MOSTAZA DE DIJON, CREMA DE ANACARDOS Y CEBOLLINO. NOTA: LA RAÍZ DE APIO A VECES SE LLAMA APIO NABO.

- 10 pimienta negra
- 6 hojas de salvia
- 3 especias enteras
- 2 tiras de cáscara de naranja de 2 pulgadas
- 2 kilos de paletilla de cordero deshuesada
- 3 cucharadas de aceite de oliva
- 2 cebollas medianas, picadas en trozos grandes
- 1 lata de 14,5 onzas de tomates picados sin sal y sin escurrir
- 1½ tazas de caldo de huesos de res (ver receta) o sopa de ternera sin sal añadida
- ¾ vaso de vino blanco seco
- 3 dientes de ajo grandes, machacados y pelados
- 2 libras de raíz de apio, pelada y cortada en cubos de 1 pulgada
- 6 chirivías medianas, peladas y cortadas en trozos de 1 pulgada (aproximadamente 2 libras)
- 2 cucharadas de aceite de oliva
- 2 cucharadas de crema de anacardos (ver receta)
- 1 cucharada de mostaza Dijon (ver receta)
- ¼ de taza de cebollino picado

1. Para el bouquet garni, corte un cuadrado de estopilla de 7 pulgadas. Coloca la pimienta, la salvia, las especias y la ralladura de naranja en el centro del queso. Levante las esquinas del queso y átelo firmemente con hilo de cocina limpio 100% algodón. Lo dejas a un lado, lo ignoras.

2. Quite la grasa de la paleta de cordero; Corte el cordero en trozos de 1 pulgada. Calienta 3 cucharadas de aceite de oliva en una olla a fuego medio. Si es necesario, freír el cordero en tandas en aceite caliente hasta que esté dorado; Retirar de la sartén y mantener caliente. Agrega la cebolla a la sartén; cocine de 5 a 8 minutos o hasta que estén tiernos y ligeramente dorados. Agregue el bouquet garni, los tomates sin escurrir, 1¼ tazas de caldo de huesos de res, el vino y el ajo. Déjalo hervir; reduce el calor. Tape y cocine a fuego lento durante dos horas, revolviendo ocasionalmente. Retire y deseche el bouquet garni.

3. Mientras tanto, para preparar el puré, coloque el apio y las chirivías en una cacerola grande; cubrir con agua. Llevar a ebullición a fuego medio-alto; reduzca el fuego al mínimo. Tape y cocine a fuego lento durante 30 a 40 minutos o hasta que las verduras estén muy firmes al pincharlas con un tenedor. Para desplazarse hacia abajo; Coloque las verduras en un procesador de alimentos. Agrega el ¼ de taza de caldo de huesos de res restante y 2 cucharadas de aceite; Licue hasta que el puré esté casi suave pero aún tenga textura, deteniéndose una o dos veces para raspar los lados. Transfiera el puré a un bol. Agrega la crema de anacardos, la mostaza y el cebollino.

4. Para servir, divida el puré en cuatro tazones; cubra con la olla caliente de cordero.

CORDERO AL VAPOR CON PASTA DE RAÍZ DE APIO

TAREAS ESCOLARES: Cocine en 30 minutos: 1 hora y 30 minutos Rinde: 6 porciones

LA RAÍZ DE APIO LE DA UN ASPECTO COMPLETAMENTE DIFERENTE. TANTO EN ESTE GUISO COMO EN LA CARNE DE CORDERO CALIENTE (VER RECETA). SE UTILIZA UNA CORTADORA DE MANDOLINA PARA HACER TIRAS DE RAÍCES MUY FINAS, DULCES Y CON SABOR A NUEZ. COCINE AL VAPOR LA "PASTA" EN EL GUISO HASTA QUE ESTÉ SUAVE.

2 cucharaditas de especias de limoncillo (ver receta)
1½ libras de cordero asado, cortado en cubos de 1 pulgada
2 cucharadas de aceite de oliva
2 tazas de cebolla picada
1 taza de zanahorias picadas
1 taza de colinabo cortado en cubitos
1 cucharada de ajo picado (6 dientes)
2 cucharadas de pasta de tomate sin sal añadida
½ vaso de vino tinto seco
4 tazas de caldo de huesos de res (ver receta) o sopa de ternera sin sal añadida
1 hoja de laurel
2 tazas de calabaza, cortada en cubos de 1 pulgada
1 taza de berenjena picada
1 libra de raíz de apio, pelada
perejil fresco picado

1. Precaliente el horno a 250°F. Espolvorea el condimento de limón uniformemente sobre el cordero. Mezcle suavemente para cubrir. Calienta una olla de 6 a 8 cuartos a fuego medio-alto. Agregue 1 cucharada de aceite de oliva y la mitad del cordero sazonado a la olla. Freír la carne en

aceite hirviendo por todos lados; Coloca la carne asada en una fuente y repite con el resto del cordero y el aceite de oliva. Reduzca el fuego a medio.

2. Añade a la olla la cebolla, la zanahoria y el nabo. Cocine y revuelva las verduras durante 4 minutos; agregue el ajo y la pasta de tomate y cocine por un minuto más. Agrega el vino tinto, el caldo de huesos de res, la hoja de laurel, la carne reservada y el jugo que se haya acumulado en la olla. Lleva la mezcla a ebullición. Cubra y coloque la olla en el horno precalentado. Cocine por una hora. Añade la calabaza y las berenjenas. Vuelva a colocar en el horno y cocine por otros 30 minutos.

3. Mientras el guiso está en el horno, utiliza una mandolina para cortar en rodajas finas la raíz de apio. Corta la raíz de apio en tiras de ½ pulgada de ancho. (Necesitas aproximadamente 4 tazas). Agrega las tiras de raíz de apio al guiso. Cocine a fuego lento durante unos 10 minutos o hasta que estén tiernos. Retire y deseche la hoja de laurel antes de servir. Espolvorea cada porción con perejil picado.

CHULETAS DE CORDERO CON SALSA PICANTE DE GRANADA Y DÁTILES

TAREAS ESCOLARES: 10 minutos de cocción: 18 minutos de enfriamiento: 10 minutos
Rinde: 4 porciones

EL TÉRMINO "FRANCÉS" SE REFIERE A LA COSTILLA. DEL CUAL SE EXTRAJO GRASA, CARNE Y TEJIDO CONECTIVO CON UN CUCHILLO DE COCINA AFILADO. ESTA ES UNA PRESENTACIÓN ATRACTIVA. PREGÚNTALE A TU CARNICERO O PUEDES HACERLO TÚ MISMO.

CHATNEY

- ½ taza de jugo de granada sin azúcar
- 1 cucharada de jugo de limón fresco
- 1 chalota, pelada y cortada en aros finos
- 1 cucharadita de piel de naranja finamente rallada
- ⅓ taza de dátiles Medjool picados
- ¼ cucharadita de pimiento rojo triturado
- ¼ de taza de granada*
- 1 cucharada de aceite de oliva
- 1 cucharada de perejil italiano fresco (hoja plana), picado

COSTILLAS DE CORDERO

- 2 cucharadas de aceite de oliva
- 8 costillas de chuletas de cordero al estilo francés

1. Para la salsa picante, mezcle el jugo de granada, el jugo de limón y la chalota en una cacerola. Déjalo hervir; reduce el calor. Cocine a fuego lento durante 2 minutos. Agrega la cáscara de naranja, el tamal y el chile picado. Déjelo reposar hasta que se enfríe, aproximadamente 10 minutos. Agrega las flores de granada, 1 cucharada de

aceite de oliva y el perejil. Dejar reposar a temperatura ambiente hasta el momento de servir.

2. Para las costillas, calienta 2 cucharadas de aceite de oliva en una sartén grande a fuego medio. Trabajando en tandas, agregue las costillas a la sartén y cocine a fuego medio (145°F) durante 6 a 8 minutos, volteándolas una vez. Cubre las rodajas con la salsa picante.

*Nota: Las granadas frescas y sus semillas están disponibles de octubre a febrero. Si no puede encontrarlas, use semillas secas sin azúcar para darle un toque crujiente a su chutney.

CHIMICHURRI DE CHULETAS DE CORDERO CON SAL DE RÁBANO Y REPOLLO

TAREAS ESCOLARES:30 minutos de marinado: 20 minutos de cocción: 20 minutos rendimiento: 4 porciones

EL CHIMICHURRI ES LA ESPECIA MÁS POPULAR EN ARGENTINA.SE SIRVE JUNTO CON UN FAMOSO BISTEC A LA PARRILLA AL ESTILO GAUCHO EN ESE PAÍS. HAY MUCHAS VARIACIONES, PERO LA SALSA ESPESA DE HIERBAS GENERALMENTE SE PREPARA CON PEREJIL, CILANTRO U ORÉGANO, CHALOTAS Y/O AJO, PIMIENTO ROJO TRITURADO, ACEITE DE OLIVA Y VINAGRE DE VINO TINTO. EXCELENTE PARA FILETES A LA PARRILLA, PERO IGUALMENTE EXCELENTE PARA CHULETAS DE CERDO, POLLO Y CORDERO A LA PARRILLA O FRITAS.

- 8 chuletas de cordero, cortadas de 1 pulgada de grosor
- ½ taza de salsa chimichurri (ver receta)
- 2 cucharadas de aceite de oliva
- 1 cebolla dulce, partida por la mitad y en rodajas
- 1 cucharadita de semillas de comino, trituradas*
- 1 diente de ajo picado
- 1 cabeza de achicoria, sin corazón y cortada en tiras finas
- 1 cucharada de vinagre balsámico

1. Coloca las chuletas de cordero en un bol muy grande. Sazone con 2 cucharadas de salsa chimichurri. Frote la salsa sobre la superficie de cada rebanada con los dedos. Deje marinar las costillas a temperatura ambiente durante 20 minutos.

2. Mientras tanto, para la ensalada de achicoria tostada, caliente 1 cucharada de aceite de oliva en una sartén extra grande. Agrega la cebolla, el comino y el ajo; cocine de 6 a 7 minutos o hasta que la cebolla esté suave, revolviendo con frecuencia. Agrega la achicoria; cocine durante 1-2 minutos o hasta que la achicoria esté ligeramente blanda. Transfiera la ensalada a un tazón grande. Agrega el vinagre balsámico y mezcla bien. Cubrir y mantener caliente.

3. Limpiar la sartén. Agrega la 1 cucharada de aceite de oliva restante a la sartén y calienta a fuego medio-alto. Agrega las chuletas de cordero; reduzca el fuego a medio. Cocine de 9 a 11 minutos o hasta que esté cocido al gusto, volteando las chuletas de vez en cuando con unas pinzas.

4. Sirve las costillas con el resto de la ensalada y la salsa chimichurri.

*Nota: Para triturar las semillas de comino, use un mortero o coloque las semillas en una tabla de cortar y tritúrelas con un cuchillo de chef.

CHULETAS DE CORDERO CON ANCHOAS Y REMOULADE DE SALVIA, ZANAHORIA Y BONIATO

TAREAS ESCOLARES:12 minutos frío: 1-2 horas grill: 6 minutos: 4 porciones

HAY TRES TIPOS DE CHULETAS DE CORDERO.EL CORTE GRUESO Y CARNOSO PARECE UN CHULETÓN PEQUEÑO. LAS CHULETAS NOMBRADAS AQUÍ SE CREAN CORTANDO ENTRE LOS HUESOS DE UN COSTILLAR DE CORDERO. SON MUY SENSIBLES Y TIENEN UN ATRACTIVO HUESO LARGO EN EL COSTADO. A MENUDO SE SIRVE A LA PARRILLA O A LA PARRILLA. LA ESCÁPULA BARATA ES UN POCO MÁS GORDA Y MENOS BLANDA QUE LOS OTROS DOS TIPOS. LO MEJOR ES FREÍRLO Y LUEGO COCINARLO EN VINO, CALDO Y TOMATES O UNA COMBINACIÓN DE ESTOS.

3 zanahorias medianas, ralladas gruesas
2 batatas pequeñas, ralladas* o ralladas gruesas
½ taza de Paleo Mayo (ver receta)
2 cucharadas de jugo de limón fresco
2 cucharaditas de mostaza Dijon (ver receta)
2 cucharadas de perejil fresco picado
½ cucharadita de pimienta negra
8 chuletas de cordero, cortadas en rodajas de ½ a ¾ de pulgada de grosor
2 cucharadas de salvia fresca picada o 2 cucharaditas de salvia seca picada
2 cucharaditas de chile ancho molido
½ cucharadita de ajo en polvo

1. Para el remoulade, mezcle las zanahorias y los camotes en un tazón mediano. En un tazón pequeño, combine Paleo Mayo, jugo de limón, mostaza Dijon, perejil y pimienta negra. Vierta sobre las zanahorias y las batatas; tirar un abrigo. Cubra y refrigere durante 1-2 horas.

2. Mientras tanto, mezcle la salvia, el chile ancho y el ajo en polvo en un tazón pequeño. Frote las rodajas de cordero con la mezcla de especias.

3. Para una parrilla de carbón o gas, coloque las chuletas de cordero directamente sobre la parrilla a fuego medio. Cubra y cocine a la parrilla durante 6 a 8 minutos a fuego medio (145 °F) o de 10 a 12 minutos a fuego medio (150 °F), volteándolo una vez a la mitad de la cocción.

4. Servir las chuletas de cordero con el remoulade.

*Nota: Utilice una mandolina con accesorio en juliana para cortar las batatas.

HAMBURGUESA DE CORDERO RELLENA DE LA HUERTA CON COULIS DE PIMIENTO ROJO

TAREAS ESCOLARES:20 minutos de reposo: 15 minutos grill: 27 minutos rendimiento: 4 porciones

EL COULIS NO ES MÁS QUE UNA SIMPLE SALSA.ELABORADO CON PURÉ DE FRUTAS O VERDURAS. LA BRILLANTE Y HERMOSA SALSA DE CHILE PARA ESTAS HAMBURGUESAS DE CORDERO RECIBE UNA DOBLE DOSIS DE HUMO: DE LA PARRILLA Y UNA DOSIS DE PIMENTÓN AHUMADO.

COULIS DE PIMIENTO ROJO
- 1 pimiento rojo grande
- 1 cucharada de vino blanco seco o vinagre de vino blanco
- 1 cucharadita de aceite de oliva
- ½ cucharadita de pimentón ahumado

HAMBURGUESA
- ¼ de taza de tomates secados al sol sin azufre, cortados en tiras
- ¼ taza de calabacín rallado
- 1 cucharada de albahaca fresca picada
- 2 cucharaditas de aceite de oliva
- ½ cucharadita de pimienta negra
- 1,5 libras de cordero molido
- 1 clara de huevo, ligeramente batida
- 1 cucharada de condimento mediterráneo (ver receta)

1. Para el coulis de pimiento rojo, coloca los pimientos rojos directamente sobre la parrilla a fuego medio. Cubra y cocine a la parrilla durante 15 a 20 minutos o hasta que esté carbonizado y bien dorado, volteando la pimienta

cada 5 minutos para que se dore por todos lados. Retirar de la parrilla y colocar inmediatamente en una bolsa de papel o papel de aluminio para cubrir completamente el pimiento. Déjelo reposar durante 15 minutos o hasta que esté lo suficientemente frío como para manipularlo. Retire con cuidado la piel con un cuchillo afilado y deséchela. Cortar el pimiento en cuartos a lo largo, quitarle el tallo, la semilla y la membrana. Combine los pimientos asados, el vino, el aceite de oliva y el pimentón ahumado en un procesador de alimentos. Cubra y procese o mezcle hasta que quede suave.

2. Mientras tanto, para el relleno, coloca los tomates secos en un bol pequeño y vierte agua hirviendo sobre ellos. Dejar reposar 5 minutos; desplácese hacia abajo. Secar los tomates y los calabacines rallados con una toalla de papel. En un tazón pequeño, mezcle los tomates, el calabacín, la albahaca, el aceite de oliva y ¼ de cucharadita de pimienta negra; dejar de lado, ignorar.

3. En un tazón grande, mezcle el cordero molido, las claras de huevo, ¼ de cucharadita de la pimienta negra restante y las especias mediterráneas; mezclar bien. Divida la mezcla de carne en ocho porciones iguales y forme una hamburguesa de ¼ de pulgada de grosor con cada una. Vierta el relleno sobre cuatro bollos; sobre los bollos restantes, pellizcando los bordes para sellar el relleno.

4. Coloca la hamburguesa directamente sobre la parrilla a fuego medio. Cubra y cocine a la parrilla durante 12 a 14 minutos o hasta que esté bien cocido (160 °F), volteándolo una vez a la mitad de la cocción.

5. Al servir, unte las hamburguesas con coulis de pimiento rojo.

BROCHETAS DE CORDERO CON DOBLE ORÉGANO Y SALSA TZATZIKI

BUZO:30 minutos tiempo de preparación: 20 minutos enfriamiento: 30 minutos cocción: 8 minutos Rinde: 4 porciones

BÁSICAMENTE SON BROCHETAS DE CORDERO.QUE SE CONOCE COMO KOFTA EN EL MEDITERRÁNEO Y MEDIO ORIENTE: LA CARNE PICADA SAZONADA (GENERALMENTE CORDERO O TERNERA) SE FORMA EN HAMBURGUESAS O ALREDEDOR DE UNA BROCHETA Y LUEGO SE ASA A LA PARRILLA. EL ORÉGANO FRESCO Y SECO LES DA UN GRAN SABOR GRIEGO.

Brochetas de madera de 8 x 10 pulgadas

BROCHETAS DE CORDERO

1,5 kilos de magro de cordero picado
1 cebolla morada pequeña, rallada y seca
1 cucharada de orégano fresco picado
2 cucharaditas de orégano seco, picado
1 cucharadita de pimienta negra

SALSA TZATZIKI GRIEGA

1 taza de Paleo Mayo (ver receta)
½ pepino grande, sin corazón, rebanado y prensado en seco
2 cucharadas de jugo de limón fresco
1 diente de ajo picado

1. Remojar las brochetas en suficiente agua para cubrirlas durante 30 minutos.

2. Para las brochetas de cordero, combine el cordero molido, la cebolla, el orégano fresco y seco y la pimienta en un tazón grande; mezclar bien. Divida la mezcla de cordero en ocho porciones iguales. Forme cada sección alrededor

del centro de una brocheta para crear un tronco de 5 x 1 pulgada. Tapar y colocar en el frigorífico durante al menos 30 minutos.

3. Mientras tanto, para la salsa Tzatziki, combine Paleo Mayo, pepino, jugo de limón y ajo en un tazón pequeño. Cubra y refrigere hasta que esté listo para servir.

4. Para una parrilla de carbón o gas, coloque las brochetas de cordero directamente sobre la parrilla a fuego medio. Cubra y cocine a la parrilla durante aprox. 8 minutos a fuego medio (160°F), volteándolo una vez a la mitad de la parrilla.

5. Sirve las brochetas de cordero con salsa Tzatziki.

POLLO FRITO CON AZAFRÁN Y LIMÓN

TAREAS ESCOLARES:15 minutos enfriando: 8 horas cocinando: 1 hora y 15 minutos reposando: 10 minutos rendimiento: 4 porciones

EL AZAFRÁN ES EL ESTAMBRE SECO.UNA ESPECIE DE FLOR DE AZAFRÁN. CARO, PERO CON UN POCO SE CONSIGUE MUCHO. LE DA UN SABOR TERROSO DISTINTIVO Y UN HERMOSO TONO AMARILLO A ESTE POLLO FRITO CRUJIENTE.

- 1 pollo entero, 4-5 libras
- 3 cucharadas de aceite de oliva
- 6 dientes de ajo machacados y pelados
- 1 cucharada y media de ralladura de limón finamente rallada
- 1 cucharada de tomillo fresco
- 1½ cucharaditas de pimienta negra molida
- ½ cucharadita de azafrán
- 2 hojas de laurel
- 1 limón cortado en cuartos

1. Retire el cuello y las menudencias del pollo; deséchelo o guárdelo para otro propósito. Enjuague la cavidad del pollo; secar con una toalla de papel. Quite el exceso de piel o grasa del pollo.

2. Licue el aceite de oliva, el ajo, la ralladura de limón, el tomillo, la pimienta y el azafrán en un procesador de alimentos. Continuar formando una masa suave.

3. Use sus dedos para frotar la mezcla sobre la superficie exterior del pollo y la cavidad interior. Transfiera el pollo a un tazón grande; Cubra y refrigere por al menos 8 horas o toda la noche.

4. Precaliente el horno a 425°F. Coloca los cuartos de limón y las hojas de laurel en la cavidad del pollo. Ata las patas con hilo de cocina 100% algodón. Coloca las alas debajo del pollo. Inserte un termómetro para carne en el músculo del muslo sin tocar el hueso. Coloque el pollo sobre una rejilla en una fuente para asar grande.

5. Ase durante 15 minutos. Reduzca la temperatura del horno a 375 ° F. Ase durante aprox. 1 hora más o hasta que los jugos salgan claros y el termómetro registre 175°F. Dejar reposar 10 minutos antes de cortar.

POLLO SPATCHCOCKED CON ENSALADA DE JÍCAMA

TAREAS ESCOLARES: 40 minutos asado: 1 hora y 5 minutos en reposo: 10 minutos rendimiento: 4 porciones

"SPATCHCOCK" ES UN ANTIGUO TÉRMINO CULINARIOQUE RECIENTEMENTE SE HA REUTILIZADO PARA DESCRIBIR EL PROCESO DE CORTAR UN PÁJARO PEQUEÑO, COMO UN POLLO O UNA GALLINA DE CORNUALLES, POR LA MITAD DESDE ATRÁS, LUEGO ABRIRLO Y APLANARLO COMO UN LIBRO PARA COCINARLO MÁS RÁPIDO Y DE MANERA MÁS UNIFORME. ES SIMILAR AL VUELO DE LAS MARIPOSAS, PERO SE REFIERE SÓLO A LOS PÁJAROS.

POLLO

- 1 chile poblano
- 1 cucharada de chalota finamente picada
- 3 dientes de ajo, picados
- 1 cucharadita de ralladura de limón finamente rallada
- 1 cucharadita de ralladura de lima finamente rallada
- 1 cucharadita de condimento ahumado (ver receta)
- ½ cucharadita de orégano seco, picado
- ½ cucharadita de comino molido
- 1 cucharada de aceite de oliva
- 1 pollo entero, 3-3½ libras

ENSALADA DE COL

- ½ jícama mediana, pelada y sin semillas (aproximadamente 3 tazas)
- ½ taza de cebollino en rodajas finas (4)
- 1 manzana Granny Smith, pelada, sin corazón y sin corazón
- ⅓ taza de cilantro fresco picado
- 3 cucharadas de jugo de naranja natural

3 cucharadas de aceite de oliva

1 cucharadita de especia de limoncillo (ver<u>receta</u>)

1. Para asar con carbón, coloque las brasas a fuego medio en un lado de la parrilla. Coloque una bandeja de goteo debajo del lado vacío del soporte. Coloque los poblanos en la parrilla justo encima de las brasas medianas. Cubra y cocine a la parrilla durante 15 minutos o hasta que el poblano esté dorado por todos lados, volteándolo ocasionalmente. Envuelve inmediatamente el poblano en papel de aluminio; Dejar reposar 10 minutos. Abre el papel aluminio y corta el poblano por la mitad a lo largo; retire el tallo y las semillas (ver<u>se puede decidir</u>). Retire con cuidado la piel con un cuchillo afilado y deséchela. Corta el poblano en trozos pequeños. (Para una parrilla de gas, precaliente la parrilla; reduzca el fuego a medio. Configure para asar indirectamente. Ase en un quemador encendido como se indica arriba).

2. Para el aderezo, mezcle el poblano, las chalotas, el ajo, la ralladura de limón, la ralladura de lima, las especias ahumadas, el orégano y el comino en un tazón pequeño. Agrega el aceite; mezcle bien para hacer una pasta.

3. Para filetear el pollo, quitarle el cuello y las menudencias (excepto para otros fines). Coloque la pechuga de pollo hacia abajo sobre una tabla de cortar. Con unas tijeras de cocina, corte a lo largo un lado del lomo, comenzando por el final del cuello. Repita el corte longitudinal en el otro lado del lomo. Retire y deseche la columna vertebral. Coloque el pollo con la piel hacia arriba. Presione hacia abajo entre las pechugas para separarlas de modo que el pollo quede plano.

4. En un lado del pecho, comenzando por el cuello, deslice los dedos entre la piel y la carne, aflojando la piel a medida que avanza hacia el muslo. Afloje la piel alrededor de su muslo. Repita en el otro lado. Use sus dedos para esparcir la masa sobre la carne debajo de la piel del pollo.

5. Coloque la pechuga de pollo hacia abajo sobre una rejilla sobre la bandeja de goteo. Pese con dos ladrillos envueltos en papel de aluminio o con una sartén grande de hierro fundido. Cubra y cocine a la parrilla durante 30 minutos. Voltee el pollo con el hueso hacia abajo sobre una rejilla, pesándolo con un ladrillo o una sartén. Ase, tapado, unos 30 minutos más o hasta que el pollo ya no esté rosado (músculo del muslo de 175°F). Retire el pollo de la parrilla; Dejar reposar 10 minutos. (Con una parrilla de gas, coloque el pollo sobre una rejilla lejos del calor. Áselo como se describe arriba).

6. Mientras tanto, para la ensalada, mezcle la jícama, las cebolletas, las manzanas y el cilantro en un tazón grande. Mezcla el jugo de naranja, el aceite y la ralladura de limón en un tazón pequeño. Vierta sobre la mezcla de jícama y revuelva para cubrir. Sirve el pollo con la ensalada.

POLLO AL HORNO CON VODKA, ZANAHORIA Y SALSA DE TOMATE

TAREAS ESCOLARES:15 minutos de cocción: 15 minutos de cocción: 30 minutos rendimiento: 4 porciones

EL VODKA SE PUEDE PREPARAR CON VARIOS INGREDIENTES.ALIMENTOS TAN DIVERSOS COMO PATATAS, MAÍZ, CENTENO, TRIGO Y CEBADA, E INCLUSO UVAS. SI BIEN NO HAY MUCHO VODKA EN ESTA SALSA, SI LA DIVIDES EN CUATRO PORCIONES, BUSCA VODKA A BASE DE PAPA O UVA PARA QUE SEA APTA PARA PALEO.

- 3 cucharadas de aceite de oliva
- 4 cuartos de pierna de pollo con hueso o trozos de pollo con carne, sin piel
- 1 lata de 28 onzas de tomates cherry sin sal, escurridos
- ½ taza de cebolla finamente picada
- ½ taza de zanahorias finamente picadas
- 3 dientes de ajo, picados
- 1 cucharadita de condimento mediterráneo (ver receta)
- ⅛ cucharadita de pimienta de cayena
- 1 ramita de romero fresco
- 2 cucharadas de vodka
- 1 cucharada de albahaca fresca picada (opcional)

1. Precaliente el horno a 375°F. En una sartén muy grande, calienta 2 cucharadas de aceite a fuego medio-alto. Agrega el pollo; cocine por aprox. 12 minutos o hasta que estén dorados, luego voltéelos para una cocción uniforme. Coloca la bandeja para hornear en el horno precalentado. Ase sin tapar durante 20 minutos.

2. Mientras tanto, corta los tomates para la salsa con unas tijeras de cocina. Calienta la cucharadita de aceite restante

en una cacerola mediana a fuego medio. Agrega la cebolla, la zanahoria y el ajo; cocine durante 3 minutos o hasta que estén tiernos, revolviendo con frecuencia. Añade los tomates cortados en cubitos, las especias mediterráneas, la pimienta de cayena y la ramita de romero. Llevar a ebullición a fuego medio-alto; reduce el calor. Cocine a fuego lento durante 10 minutos, revolviendo ocasionalmente. Agrega el vodka; cocina por 1 minuto más; Retire y deseche la ramita de romero.

3. Sirve la salsa en la sartén. Regrese la sartén al horno. Ase, tapado, unos 10 minutos más, o hasta que el pollo esté bien cocido y ya no esté rosado (175°F). Espolvorea con albahaca si lo deseas.

POULET RÔTI Y PATATAS FRITAS DE RUTABAGA

TAREAS ESCOLARES: 40 minutos Cocción: 40 minutos Rinde: 4 porciones

LOS CHIPS CRUJIENTES DE COLINABO ESTÁN DELICIOSOS. SERVIDO CON POLLO ASADO Y LOS JUGOS QUE LO ACOMPAÑAN, PERO IGUALMENTE DELICIOSO SOLO Y SERVIDO CON SALSA DE TOMATE PALEO (VER RECETA) O AL ESTILO BELGA CON PALEO ALIOLI (MAYONESA DE AJO, VER RECETA).

6 cucharadas de aceite de oliva

1 cucharada de condimento mediterráneo (ver receta)

4 muslos de pollo deshuesados y sin piel (aproximadamente 1¼ libras en total)

4 muslos de pollo sin piel (aproximadamente 1 libra en total)

1 vaso de vino blanco seco

1 taza de caldo de huesos de pollo (ver receta) o caldo de pollo sin sal

1 cebolla pequeña, en cuartos

Aceite de oliva

1½ a 2 libras de nabos

2 cucharadas de cebollino fresco picado

pimienta negra

1. Precaliente el horno a 400 ° F. En un tazón pequeño, combine 1 cucharada de aceite de oliva y el condimento mediterráneo; Frote los trozos de pollo encima. Calienta 2 cucharadas de aceite en una sartén antiadherente extra grande. Agregue los trozos de pollo, con la carne hacia abajo. Cocine, descubierto, durante unos 5 minutos o hasta que estén dorados. Retire la sartén del fuego. Voltee los trozos de pollo, con el lado dorado hacia arriba. Agrega el vino, el caldo de pollo y la cebolla.

2. Coloque una bandeja para hornear en el horno en la rejilla del medio. Cocine descubierto durante 10 minutos.

3. Mientras tanto, engrase ligeramente una fuente para horno grande con aceite de oliva para las patatas; dejar de lado, ignorar. Pelar el colinabo. Con un cuchillo afilado, corte el colinabo en rodajas de ½ pulgada. Corta las rodajas a lo largo en tiras de medio centímetro. En un tazón grande, mezcle las tiras de colinabo con las 3 cucharadas de aceite restantes. Extienda las tiras de colinabo en una sola capa sobre una bandeja para hornear preparada; colóquelo en el horno en la rejilla superior. Cocine por 15 minutos; damos la vuelta a las patatas. Cocine el pollo por 10 minutos más o hasta que ya no esté rosado (175°F). Saca el pollo del horno. Cocine las papas de 5 a 10 minutos o hasta que estén doradas y tiernas.

4. Retire el pollo y la cebolla de la sartén y reserve el jugo. Cubre el pollo y la cebolla para mantenerlos calientes. Hierva el jugo a fuego medio; reduce el calor. Cocine a fuego lento, sin tapar, durante unos 5 minutos más o hasta que los jugos se hayan reducido ligeramente.

5. Mezcle las patatas fritas con cebollino y sazone con pimienta para servir. El pollo se sirve con salsa gravy y patatas fritas.

COQ AU VIN DE TRES CHAMPIÑONES CON COLINABO Y PURÉ DE CEBOLLINO

TAREAS ESCOLARES: Tiempo de cocción de 15 minutos: 1 hora 15 minutos Rinde: 4-6 porciones

SI HAY ARENA EN EL CUENCODESPUÉS DE REMOJAR LOS CHAMPIÑONES SECOS, COMO PROBABLEMENTE LO HARÁ, PRESIONE EL LÍQUIDO A TRAVÉS DE UNA GASA DE DOBLE ESPESOR COLOCADA EN UN COLADOR DE MALLA FINA.

1 onza de champiñones porcini secos o desmenuzados

1 taza de agua hirviendo

2 a 2½ libras de muslos y contramuslos de pollo, sin piel

pimienta negra

2 cucharadas de aceite de oliva

2 puerros medianos, cortados por la mitad a lo largo, enjuagados y cortados en rodajas finas

2 champiñones portobello, rebanados

8 onzas de champiñones ostra frescos recortados y rebanados o champiñones frescos rebanados

¼ taza de puré de tomate sin sal agregada

1 cucharadita de mejorana seca, picada

½ cucharadita de tomillo seco, picado

½ vaso de vino tinto seco

6 tazas de caldo de huesos de pollo (ver receta) o caldo de pollo sin sal

2 hojas de laurel

2 a 2½ libras de colinabos, pelados y picados

2 cucharadas de cebollino fresco picado

½ cucharadita de pimienta negra

tomillo fresco picado (opcional)

1. Mezcle los champiñones porcini y el agua hirviendo en un tazón pequeño; Dejar reposar durante 15 minutos. Retirar los champiñones reservando el líquido del remojo. Cortar

el champiñón en trozos pequeños. Reserva los champiñones y el líquido de remojo.

2. Espolvorea el pollo con pimienta. En una sartén extra grande con tapa hermética, caliente 1 cucharada de aceite de oliva a fuego medio-alto. Freír los trozos de pollo dos veces en aceite caliente durante unos 15 minutos hasta que estén ligeramente dorados, volteándolos una vez. Retire el pollo de la sartén. Agrega los puerros, los champiñones portobello y los champiñones ostra. Cocine de 4 a 5 minutos o hasta que los champiñones comiencen a dorarse, revolviendo ocasionalmente. Agrega la pasta de tomate, la mejorana y el tomillo; cocine y revuelva durante 1 minuto. Agrega el vino; cocine y revuelva durante 1 minuto. Agregue 3 tazas de caldo de pollo, hojas de laurel, ½ taza del líquido de remojo de champiñones reservado y nuevamente los champiñones picados. Regrese el pollo a la sartén. Déjalo hervir; reduce el calor. Cocine a fuego lento, tapado,

3. Mientras tanto, combine los colinabos y las 3 tazas de caldo restantes en una cacerola grande. Si es necesario, agregue agua hasta cubrir el colinabo. Déjalo hervir; reduce el calor. Cocine a fuego lento sin tapar durante 25 a 30 minutos o hasta que el colinabo esté tierno, revolviendo ocasionalmente. Escurrir los nabos y reservar el líquido. Regrese los nabos a la sartén. Agrega la cucharadita restante de aceite de oliva, el cebollino y ½ cucharadita de pimienta. Triture la mezcla de colinabo con un machacador de papas, agregando suficiente líquido de cocción para lograr la consistencia deseada.

4. Retire las hojas de laurel de la mezcla de pollo; brazos Sirva el pollo y la salsa sobre puré de colinabo. Espolvorea con tomillo fresco si lo deseas.

MUSLOS GLASEADOS CON BRANDY Y MELOCOTÓN

TAREAS ESCOLARES: Asado a la parrilla de 30 minutos: Rendimiento de 40 minutos: 4 porciones

ESTOS MUSLOS DE POLLO SON PERFECTOS. CON ENSALADA CRUJIENTE Y BATATAS PICANTES AL HORNO SEGÚN LA RECETA TUNECINA DE PALETA DE CERDO ESPECIADA (VER<u>RECETA</u>). AQUÍ SE PRESENTAN CON UNA CRUJIENTE ENSALADA DE RÁBANOS, MANGO Y MENTA (VER<u>RECETA</u>).

GLASEADO DE BRANDY DE DURAZNO

1 cucharada de aceite de oliva

½ taza de cebolla picada

2 duraznos frescos medianos partidos por la mitad, sin hueso y finamente picados

2 cucharadas de grapa

1 taza de salsa barbacoa (ver<u>receta</u>)

8 muslos de pollo (2-2½ libras en total), sin piel si es necesario

1. Para el glaseado, calienta el aceite de oliva en una cacerola mediana a fuego medio. Agrega la cebolla; cocine unos 5 minutos o hasta que estén tiernos, revolviendo ocasionalmente. Agrega los duraznos. Tape y cocine de 4 a 6 minutos o hasta que los duraznos estén tiernos, revolviendo ocasionalmente. Agrega brandy; cocine, descubierto, 2 minutos, revolviendo ocasionalmente. Déjalo enfriar un poco. Transfiera la mezcla de durazno a una licuadora o procesador de alimentos. Cubra y licue o procese hasta que quede suave. Agrega la salsa barbacoa. Cubra y licue o procese hasta que quede suave. Regresa la salsa a la sartén. Cocine a fuego medio-bajo hasta que esté

completamente caliente. Vierta ¾ de taza de salsa en un tazón pequeño sobre el pollo. Mantenga caliente la salsa restante y sírvala junto con el pollo asado.

2. Para asar con carbón, coloque las brasas alrededor de una bandeja de goteo a fuego medio. Pruebe a fuego medio en la bandeja de goteo. Coloque las piernas de pollo en la rejilla sobre la bandeja de goteo. Cubra y cocine a la parrilla durante 40 a 50 minutos o hasta que el pollo ya no esté rosado (175°F), volteándolo una vez a la mitad de la cocción y rociándolo con ¾ de taza de glaseado de brandy de durazno en los últimos 5 a 10 minutos de cocción. (En una parrilla de gas, precaliente la parrilla. Reduzca el fuego a medio. Ajuste el fuego para asar indirectamente. Coloque los muslos de pollo en la parrilla, no los sobrecaliente. Cubra y cocine a la parrilla como se indica).

POLLO MARINADO EN CHILE CON ENSALADA DE MANGO Y MELÓN

TAREAS ESCOLARES:40 minutos Enfriamiento/marinado: 2-4 horas Asado a la parrilla: 50 minutos Preparación: 6-8 porciones

EL CHILE ANCHO ES UN POBLANO SECO.– PIMIENTO BRILLANTE, DE COLOR VERDE OSCURO, DE SABOR INTENSO Y FRESCO. LOS CHILES ANCHOS TIENEN UN SABOR LIGERAMENTE AFRUTADO, UN TOQUE DE CIRUELA O PASAS Y SOLO UN TOQUE AMARGO. LOS CHILES DE NUEVO MÉXICO PUEDEN SER MODERADAMENTE PICANTES. EN ALGUNAS PARTES DEL SUROESTE, SE PUEDEN VER CHILES DE COLOR ROJO INTENSO AGRUPADOS EN RISTRAS, UNA COLORIDA DISPOSICIÓN DE CHILES SECOS.

POLLO

- 2 chiles secos de Nuevo México
- 2 chiles anchos secos
- 1 taza de agua hirviendo
- 3 cucharadas de aceite de oliva
- 1 cebolla dulce grande, pelada y cortada en rodajas gruesas
- 4 tomates roma, sin hueso
- 1 cucharada de ajo picado (6 dientes)
- 2 cucharaditas de comino molido
- 1 cucharadita de orégano seco, picado
- 16 muslos de pollo

ENSALADA

- 2 tazas de melón cortado en cubitos
- 2 tazas de cubitos de melaza
- 2 tazas de mango cortado en cubitos
- ¼ de taza de jugo de limón fresco
- 1 cucharadita de chile en polvo

½ cucharadita de comino molido

¼ de taza de cilantro fresco picado

1. Para el pollo, retire los tallos y las semillas de los chiles anchos secos y de Nuevo México. Calienta una sartén grande a fuego medio. Saltee los chiles en la sartén durante 1-2 minutos o hasta que estén fragantes y ligeramente dorados. Coloca los chiles asados en un tazón pequeño; vierta agua hirviendo en el recipiente. Deje reposar durante al menos 10 minutos o hasta que esté listo para usar.

2. Precalienta la parrilla. Forre la bandeja para hornear con papel de aluminio; Unte 1 cucharada de aceite de oliva sobre papel de aluminio. Coloca las rodajas de cebolla y tomate en la sartén. Ase a unas 4 pulgadas del fuego durante 6 a 8 minutos, o hasta que estén tiernos y carbonizados. Escurre la guindilla y reserva el agua.

3. Para la marinada, combine el chile, la cebolla, el tomate, el ajo, el comino y el orégano en una licuadora o procesador de alimentos. Cubra y licue o procese hasta que quede suave, agregando agua de reserva según sea necesario para mezclar hasta obtener la consistencia deseada.

4. Coloque el pollo en una bolsa de plástico grande con cierre en un plato poco profundo. Vierta la marinada sobre el pollo en la bolsa, agitando la bolsa para cubrirla uniformemente. Dejar macerar en el frigorífico 2-4 horas, volteando la bolsa de vez en cuando.

5. Para la ensalada, combine el melón, la melaza, el mango, el jugo de lima, las 2 cucharadas restantes de aceite de oliva, el chile en polvo, el comino y el cilantro en un tazón muy

grande. Tíralo para cubrirte. Cubra y refrigere durante 1-4 horas.

6. Para asar con carbón, coloque las brasas alrededor de una bandeja de goteo a fuego medio. Pruebe a fuego medio en una sartén. Escurrir el pollo, escurrir la marinada. Coloque el pollo sobre la rejilla de la bandeja de goteo. Unte generosamente el pollo con un poco de la marinada reservada (deseche el exceso). Cubra y cocine a la parrilla durante 50 minutos o hasta que el pollo ya no esté rosado (175°F), volteándolo una vez a la mitad de la cocción. (Precaliente con parrilla de gas. Reduzca el fuego a medio. Configure para cocción indirecta. Siga las instrucciones, coloque el pollo en la estufa apagada). Sirva los muslos de pollo con ensalada.

MUSLOS DE POLLO ESTILO TANDOORI CON RAITA DE PEPINO

TAREAS ESCOLARES: 20 minutos Adobo: 2-24 horas Asado: 25 minutos Rinde: 4 porciones

RAITA SE ELABORA CON ANACARDOS. NATA, ZUMO DE LIMÓN, MENTA, CILANTRO Y PEPINO. PROPORCIONA UN CONTRAPUNTO REFRESCANTE AL POLLO PICANTE Y PICANTE.

POLLO
- 1 cebolla morada, en rodajas finas
- 1 jengibre fresco de 2 pulgadas, pelado y sin semillas
- 4 dientes de ajo
- 3 cucharadas de aceite de oliva
- 2 cucharadas de jugo de limón fresco
- 1 cucharadita de comino molido
- 1 cucharadita de cúrcuma molida
- ½ cucharadita de pimienta de Jamaica molida
- ½ cucharadita de tierra marrón
- ½ cucharadita de pimienta negra
- ¼ cucharadita de pimienta de cayena
- 8 muslos de pollo

RAITA DE PEPINO
- 1 taza de crema de anacardos (ver receta)
- 1 cucharada de jugo de limón fresco
- 1 cucharada de menta fresca picada
- 1 cucharada de cilantro fresco cortado en tiras
- ½ cucharadita de comino molido
- ⅛ cucharadita de pimienta negra
- 1 pepino mediano, pelado, sin semillas y cortado en cubitos (taza)
- rodaja de limon

1. En una licuadora o procesador de alimentos, combine la cebolla, el jengibre, el ajo, el aceite de oliva, el jugo de limón, el comino, la cúrcuma, la pimienta de Jamaica, la canela, la pimienta negra y la cayena. Cubra y licue o procese hasta que quede suave.

2. Con la punta de un cuchillo de cocina, apuñale cada pierna cuatro o cinco veces. Coloque las patas en una bolsa de plástico grande con cierre colocada en un tazón grande. Agrega la mezcla de cebolla; gírelo para batir. Deje marinar en el refrigerador durante 2 a 24 horas, volteando la bolsa de vez en cuando.

3. Precalienta la parrilla. Retire el pollo de la marinada. Use toallas de papel para limpiar el exceso de marinada del muslo. Coloque los muslos en una bandeja para hornear sin calentar o en una bandeja para hornear con borde forrada con papel de aluminio. Ase a 6 a 8 pulgadas de la fuente de calor durante 15 minutos. Reemplace los tambores; Ase durante unos 10 minutos o hasta que el pollo ya no esté rosado (175°F).

4. Para la raita, combine la crema de anacardo, el jugo de limón, la menta, el cilantro, el comino y la pimienta negra en un tazón mediano. Agrega lentamente el pepino.

5. Sirve el pollo con raita y gajos de limón.

POLLO AL CURRY AL VAPOR CON TUBÉRCULOS, ESPÁRRAGOS Y MANZANA VERDE CON MENTA

TAREAS ESCOLARES:30 minutos de cocción: 35 minutos de reposo: 5 minutos rendimiento: 4 porciones

- 2 cucharadas de aceite de coco refinado o aceite de oliva
- 2 libras de pechuga de pollo con hueso, sin piel si lo desea
- 1 taza de cebolla picada
- 2 cucharadas de jengibre fresco rallado
- 2 cucharadas de ajo picado
- 2 cucharadas de curry sin sal
- 2 cucharadas de jalapeño, picado y sin semillas (verse puede decidir)
- 4 tazas de caldo de huesos de pollo (verreceta) o caldo de pollo sin sal
- 2 batatas medianas (aproximadamente 1 libra), peladas y cortadas en cubitos
- 2 nabos medianos (aproximadamente 6 onzas), pelados y picados
- 1 taza de tomates, sin semillas y cortados en cubitos
- 8 onzas de espárragos, recortados y cortados en trozos de 1 pulgada
- 1 13,5 oz de leche de coco (como Nature's Way)
- ½ taza de cilantro fresco, cortado en tiras
- Aderezo de manzana y menta (verreceta, bajo)
- rodaja de limon

1. En una olla de 6 cuartos, caliente el aceite a fuego medio-alto. Freír las pechugas de pollo en tandas en aceite caliente hasta que se doren uniformemente, aproximadamente 10 minutos. Transfiera el pollo a un plato; dejar de lado, ignorar.

2. Ponga el fuego a medio. Agrega la cebolla, el jengibre, el ajo, el curry en polvo y el jalapeño a la olla. Cocine y revuelva durante 5 minutos o hasta que la cebolla esté suave. Agrega el caldo de pollo, los boniatos, los nabos y los

tomates. Regrese los trozos de pollo a la olla, asegurándose de sumergir el pollo en la mayor cantidad de líquido posible. Reducir la temperatura a media baja. Tape y cocine a fuego lento durante 30 minutos o hasta que el pollo ya no esté rosado y las verduras estén tiernas. Agrega los espárragos, la leche de coco y el cilantro. Alejar del calor. Dejar reposar 5 minutos. Retire el pollo del hueso, si es necesario, para dividirlo uniformemente entre los tazones. Sirva con puré de manzana con menta y rodajas de lima.

Aderezo de manzana y menta: En un procesador de alimentos, muele ½ taza de coco rallado sin azúcar hasta convertirlo en polvo. Agrega una taza de hojas de cilantro fresco y deja hervir a fuego lento; 1 taza de hojas de menta fresca; 1 manzana Granny Smith, sin corazón y en rodajas; 2 cucharaditas de jalapeño picado y sin semillas (verse puede decidir); y 1 cucharada de jugo de limón fresco. Mezclar hasta que esté finamente picado.

ENSALADA PAILLARD DE POLLO A LA PARRILLA CON FRAMBUESAS, REMOLACHA Y ALMENDRAS TOSTADAS

TAREAS ESCOLARES: 30 minutos de cocción: 45 minutos marinada: 15 minutos grill: 8 minutos rendimiento: 4 porciones

½ taza de almendras enteras
1½ cucharaditas de aceite de oliva
1 remolacha roja mediana
1 remolacha dorada mediana
2 mitades de pechuga de pollo deshuesadas y sin piel de 6 a 8 onzas
2 tazas de frambuesas frescas o congeladas, descongeladas
3 cucharadas de vinagre de vino tinto o blanco
2 cucharadas de estragón fresco picado
1 cucharada de chalota picada
1 cucharadita de mostaza Dijon (ver receta)
¼ taza de aceite de oliva
pimienta negra
8 tazas de ensalada mixta

1. Para las almendras, precalienta el horno a 200°C. Extienda las almendras en una bandeja pequeña y mezcle con ½ cucharadita de aceite de oliva. Cocine durante unos 5 minutos o hasta que estén fragantes y dorados. Déjalo caer. (Las almendras se pueden tostar con dos días de anticipación y guardar en un recipiente hermético).

2. Para las remolachas, coloque cada remolacha sobre un pequeño trozo de papel de aluminio y rocíe cada una con ½ cucharadita de aceite de oliva. Envuelva las remolachas con papel de aluminio sin apretar y colóquelas en una

bandeja o fuente para hornear. Asa las remolachas en el horno a 200°C durante 40-50 minutos o hasta que estén tiernas al pincharlas con un cuchillo. Retirar del horno y dejar reposar hasta que se enfríe lo suficiente como para manipularlo. Retire la piel con un cuchillo de cocina. Corta la zanahoria en rodajas y reserva. (Evite revolver las remolachas, para que no manchen las remolachas doradas. Las remolachas se pueden asar y enfriar el día anterior. Déjelas a temperatura ambiente antes de servir).

3. Para el pollo, corta cada pechuga de pollo por la mitad de forma horizontal. Coloque cada trozo de pollo entre dos trozos de plástico. Con un mazo para carne, golpee suavemente hasta que tenga aproximadamente 1/2 pulgada de espesor. Coloque el pollo en un plato poco profundo y reserve.

4. Para la vinagreta, triture ligeramente ¾ de taza de frambuesas en un tazón grande con un batidor (guarde las frambuesas restantes para la ensalada). Agrega vinagre, estragón, chalota y mostaza de Dijon; batir para mezclar. Agregue ¼ de taza de aceite de oliva en un chorro fino y mezcle bien. Vierte ½ taza de vinagreta sobre el pollo; voltee el pollo para cubrirlo (reserve la vinagreta restante para la ensalada). Deja marinar el pollo a temperatura ambiente durante 15 minutos. Retire el pollo de la marinada y espolvoree con pimienta; deseche el resto de la marinada en la olla.

5. Para una parrilla de carbón o gas, coloque el pollo directamente sobre la parrilla a fuego medio. Cubra y cocine a la parrilla durante 8 a 10 minutos, o hasta que el

pollo ya no esté rosado, volteándolo una vez a la mitad de la parrilla. (El pollo también se puede freír).

6. En un tazón grande, combine la lechuga, la remolacha y la 1¼ taza de frambuesas restantes. Vierta la vinagreta reservada sobre la ensalada; revuelva suavemente para cubrir. Divida la ensalada en cuatro platos para servir; coloque encima un trozo de pechuga de pollo asada. Picar las almendras tostadas en trozos grandes y espolvorearlas por encima. Servir inmediatamente.

PECHUGA DE POLLO RELLENA DE BRÓCOLI CON SALSA DE TOMATE FRESCO Y ENSALADA CÉSAR

TAREAS ESCOLARES:40 minutos de cocción: 25 minutos rendimiento: 6 porciones

- 3 cucharadas de aceite de oliva
- 2 cucharaditas de ajo picado
- ¼ cucharadita de pimiento rojo triturado
- 1 libra de brócoli raab, recortado y picado
- ½ taza de pasas doradas sin azufre
- ½ vaso de agua
- 4 mitades de pechuga de pollo deshuesadas y sin piel de 5 a 6 onzas
- 1 taza de cebolla picada
- 3 tazas de tomates picados
- ¼ taza de albahaca fresca picada
- 2 cucharaditas de vinagre de vino tinto
- 3 cucharadas de jugo de limón fresco
- 2 cucharadas de Paleo Mayo (ver receta)
- 2 cucharaditas de mostaza Dijon (ver receta)
- 1 cucharadita de ajo picado
- ½ cucharadita de pimienta negra
- ¼ taza de aceite de oliva
- 10 tazas de lechuga romana picada

1. Calienta 1 cucharada de aceite de oliva en una sartén grande a fuego medio-alto. Agrega el ajo y el chile picado; cocine y revuelva durante 30 segundos o hasta que esté fragante. Agrega el brócoli picado, las pasas y ½ taza de agua. Tape y cocine durante unos 8 minutos, o hasta que el brócoli raab esté suave y tierno. Retire la tapa de la sartén; dejar que se evapore el exceso de agua. Lo dejas a un lado, lo ignoras.

2. Para los rollitos, corta cada pechuga de pollo por la mitad a lo largo; Coloque cada pieza entre dos piezas de plástico. Usando el lado plano de un mazo para carne, golpee ligeramente el pollo hasta que tenga aproximadamente ¼ de pulgada de espesor. Para cada rollo, coloque aproximadamente ¼ de taza de la mezcla de brócoli raab en uno de los extremos más cortos; enróllelo, doblando los lados para cubrir completamente el relleno. (Los panecillos se pueden preparar con hasta un día de anticipación y guardar en el refrigerador hasta que estén cocidos).

3. Calienta 1 cucharada de aceite de oliva en una sartén grande a fuego medio-alto. Agregue los rollos, con la costura hacia abajo. Cocine durante unos 8 minutos o hasta que estén dorados por todos lados, volteándolos dos o tres veces durante la cocción. Transfiera los panecillos a un plato.

4. Para la salsa, calienta 1 cucharada de aceite de oliva en una sartén a fuego medio. Agrega la cebolla; cocine durante unos 5 minutos o hasta que esté transparente. Agrega los tomates cherry y la albahaca. Coloque los panecillos encima de la salsa en la sartén. Llevar a ebullición a fuego medio-alto; reduce el calor. Tape y cocine a fuego lento durante unos 5 minutos, o hasta que los tomates comiencen a descomponerse pero mantengan su forma y los panecillos estén completamente calientes.

5. Para el aderezo, mezcle el jugo de limón, la mayonesa paleo, la mostaza Dijon, el ajo y la pimienta negra en un tazón pequeño. Rocíe con ¼ de taza de aceite de oliva y revuelva hasta que esté emulsionado. En un tazón grande, mezcle el

aderezo con la lechuga romana picada. Al servir, divida la lechuga romana en seis platos. Corta los rollitos y colócalos encima de la lechuga romana; espolvorear con salsa de tomate.

ROLLITOS DE SHAWARMA DE POLLO A LA PARRILLA CON HIERBAS Y SALSA DE PIÑONES

TAREAS ESCOLARES:20 minutos marinar: 30 minutos asar: 10 minutos Preparación: 8 sándwiches (4 porciones)

1½ libras de pechuga de pollo deshuesada y sin piel, cortada en trozos de 2 pulgadas

5 cucharadas de aceite de oliva

2 cucharadas de jugo de limón fresco

1¾ cucharaditas de comino molido

1 cucharadita de ajo picado

1 cucharadita de pimentón

½ cucharadita de curry en polvo

½ cucharadita de tierra marrón

¼ cucharadita de pimienta de cayena

1 calabacín mediano cortado por la mitad

1 berenjena pequeña cortada en rodajas de medio centímetro

1 pimiento amarillo grande, cortado por la mitad y sin semillas

1 cebolla morada mediana, en cuartos

8 tomates cherry

8 hojas grandes de lechuga mantecosa

Condimento de piñones tostados (ver receta)

rodaja de limon

1. Para la marinada, mezcle en un tazón pequeño 3 cucharadas de aceite de oliva, jugo de limón, cucharadita de comino, ajo, ½ cucharadita de pimentón, curry en polvo, ¼ de cucharadita de canela y pimienta de cayena. Coloque los trozos de pollo en una bolsa plástica grande con cierre en un plato poco profundo. Vierta la marinada sobre el pollo. Selle el sobre; Convierte un bolso en una chaqueta. Dejar

macerar en el frigorífico durante 30 minutos, volteando la bolsa de vez en cuando.

2. Retire el pollo de la marinada; deseche la marinada. Pinche el pollo en cuatro brochetas largas.

3. Coloca el calabacín, la berenjena, el pimiento y la cebolla en una bandeja para horno. Rocíe con 2 cucharadas de aceite de oliva. Espolvoree con las ¾ de cucharadita de comino restante, la ½ cucharadita de pimentón restante y el ¼ de cucharadita de canela restante; Frote la hierba suavemente. Ensarte los tomates en dos brochetas.

3. Para una parrilla de carbón o gas, asa las brochetas de pollo, los tomates y las verduras a fuego medio. Tape y cocine hasta que el pollo ya no esté rosado y las verduras estén ligeramente carbonizadas y crujientes, volteándolas una vez. Espere de 10 a 12 minutos para el pollo, de 8 a 10 minutos para las verduras y de 4 minutos para los tomates.

4. Retire el pollo de la brocheta. Picar el pollo, cortar en trozos pequeños los calabacines, las berenjenas y el pimiento dulce. Retira los tomates de las brochetas (no los cortes). Coloca el pollo y las verduras en un plato. Para servir, coloca un poco de pollo y verduras sobre una hoja de lechuga; espolvorear con salsa de piñones tostados. Servir con rodajas de limón.

PECHUGA DE POLLO FRITA CON CHAMPIÑONES, PURÉ DE COLIFLOR AL AJILLO Y ESPÁRRAGOS FRITOS

DE PRINCIPIO A FIN: Tiempo de preparación 50 minutos: 4 porciones

4 mitades de pechuga de pollo deshuesadas y sin piel de 10 a 12 onzas
3 tazas de champiñones blancos pequeños
1 taza de puerros o cebollas amarillas en rodajas finas
2 tazas de caldo de huesos de pollo (ver receta) o caldo de pollo sin sal
1 vaso de vino blanco seco
1 manojo grande de tomillo fresco
pimienta negra
vinagre de vino blanco (opcional)
1 cabeza de coliflor cortada en floretes
12 dientes de ajo pelados
2 cucharadas de aceite de oliva
Pimienta blanca o de cayena
1 libra de espárragos, picados
2 cucharaditas de aceite de oliva

1. Precaliente el horno a 400°F. Coloque las pechugas de pollo en una fuente para hornear rectangular de 3 cuartos; cubierto con champiñones y puerros. Vierta el caldo de pollo y el vino sobre el pollo y las verduras. Espolvorea con tomillo y espolvorea con pimienta negra. Cubre la olla con papel de aluminio.

2. Cocine durante 35 a 40 minutos o hasta que un termómetro de lectura instantánea insertado en el pollo marque 170°F. Retire y deseche las ramitas de tomillo. Si es necesario, mezcla el líquido de estofado con un chorrito de vinagre antes de servir.

2. Mientras tanto, en una olla grande, cocine la coliflor y el ajo en suficiente agua hirviendo para cubrirlos durante unos 10 minutos o hasta que estén muy suaves. Escurre la coliflor, el ajo y 2 cucharadas del líquido de cocción. Coloque la coliflor y el líquido de cocción reservado en un procesador de alimentos o en un tazón grande. Procese hasta que quede suave* o triture con un machacador de papas; agrega 2 cucharadas de aceite de oliva y sazona con pimienta blanca al gusto. Manténgalo caliente hasta que esté listo para servir.

3. Coloque los espárragos en una bandeja para hornear en una capa. Rocíe con 2 cucharaditas de aceite de oliva y cubra. Espolvorea con pimienta negra. En el horno a 200°C durante aprox. Cocine durante 8 minutos o hasta que estén crujientes, revolviendo una vez.

4. Divida el puré de coliflor en seis platos. Colocar encima el pollo, los champiñones y los puerros. Vierta un poco del líquido para estofar; servido con espárragos asados.

*Nota: Si usa un procesador de alimentos, tenga cuidado de no procesar demasiado o la coliflor quedará demasiado fina.

SOPA DE POLLO AL ESTILO TAILANDÉS

TAREAS ESCOLARES:30 minutos Congelación: 20 minutos Cocción: 50 minutos Rinde: 4-6 porciones

EL TAMARINDO ES UNA FRUTA AMARGA Y ALMIZCLADA.UTILIZADO EN LA COCINA INDIA, TAILANDESA Y MEXICANA. MUCHAS PASTAS DE TAMARINDO PRODUCIDAS COMERCIALMENTE CONTIENEN AZÚCAR; DEFINITIVAMENTE COMPRE UNO QUE NO LO TENGA. LAS HOJAS DE LIMA KAFFIR SE PUEDEN ENCONTRAR FRESCAS, CONGELADAS Y SECAS EN LA MAYORÍA DE LOS MERCADOS ASIÁTICOS. SI NO PUEDE ENCONTRARLAS, SUSTITUYA LAS HOJAS EN ESTA RECETA POR 1 1/2 CUCHARADITAS DE RALLADURA DE LIMA FINAMENTE RALLADA.

- 2 ramitas de limoncillo, cortadas
- 2 cucharadas de aceite de coco sin refinar
- ½ taza de cebollino en rodajas finas
- 3 dientes de ajo grandes, en rodajas finas
- 8 tazas de caldo de huesos de pollo (ver receta) o caldo de pollo sin sal
- ¼ de taza de pasta de tamarindo sin azúcar agregada (como la marca Tamicon)
- 2 cucharadas de hojuelas de nori
- 3 chiles tailandeses frescos, en rodajas finas y con las semillas intactas (ver se puede decidir)
- 3 hojas de lima kaffir
- 1 trozo de jengibre de 3 pulgadas, en rodajas finas
- 4 mitades de pechuga de pollo deshuesadas y sin piel de 6 onzas
- 1 lata de 14.5 onzas de tomates asados cortados en cubitos, sin sal y sin escurrir
- 6 onzas de espárragos tiernos, recortados y cortados en rodajas finas en diagonal en trozos de 1/2 pulgada
- ½ taza de hojas de albahaca tailandesa envasadas (ver Nota)

1. Con el dorso de un cuchillo, frote el tallo del limoncillo con presión firme. Picar finamente los tallos magullados.

2. Calienta el aceite de coco en una olla a fuego medio. Agrega la hierba de limón y el cebollino; Cocine durante 8 a 10 minutos, revolviendo con frecuencia. Agrega el ajo; cocine y revuelva durante 2 a 3 minutos o hasta que esté muy fragante.

3. Agregue el caldo de huesos de pollo, la pasta de tamarindo, las hojuelas de nori, el ají, las hojas de lima y el jengibre. Déjalo hervir; reduce el calor. Tapar y cocinar a fuego lento durante 40 minutos.

4. Mientras tanto, congele el pollo durante 20 a 30 minutos o hasta que esté firme. Corta la pechuga de pollo en rodajas finas.

5. Cuela la sopa a través de un colador de malla fina en una cacerola grande y presiona con el dorso de una cuchara grande para extraer los sabores. Deseche los sólidos. Hervir la sopa. Agrega el pollo, los tomates escurridos, los espárragos y la albahaca. Reducir el fuego; cocine a fuego lento sin tapar durante 2 a 3 minutos o hasta que el pollo esté bien cocido. Servir inmediatamente.

POLLO A LA PLANCHA CON LIMÓN Y SALVIA CON ESCAROLA

TAREAS ESCOLARES:15 minutos de cocción: 55 minutos tiempo de reposo: 5 minutos rendimiento: 4 porciones

RODAJAS DE LIMÓN Y HOJAS DE SALVIA.COLOCADO DEBAJO DE LA PIEL DEL POLLO, AGREGA SABOR A LA CARNE MIENTRAS SE COCINA Y CREA UN PATRÓN ATRACTIVO DEBAJO DE LA PIEL CRUJIENTE Y OPACA DESPUÉS DE SACARLA DEL HORNO.

4 mitades de pechuga de pollo con hueso (con piel)

1 limón, cortado en rodajas muy finas

4 hojas grandes de salvia

2 cucharaditas de aceite de oliva

2 cucharaditas de especias mediterráneas (ver receta)

½ cucharadita de pimienta negra

2 cucharadas de aceite de oliva virgen extra

2 chalotes, finamente picados

2 dientes de ajo picados

4 cabezas de erizo, cortadas por la mitad a lo largo

1. Precaliente el horno a 400° F. Con un cuchillo de cocina, retire con mucho cuidado la piel de cada pechuga, permitiendo que se junte por un lado. Coloca 2 rodajas de limón y 1 hoja de salvia sobre la carne de cada pechuga. Deslice suavemente el cuero nuevamente en su lugar y presione suavemente hacia abajo para asegurarlo.

2. Coloque el pollo en una fuente poco profunda. Unte el pollo con 2 cucharaditas de aceite de oliva; espolvorea con especias mediterráneas y ¼ de cucharadita de pimienta. Ase, sin tapar, durante unos 55 minutos, o hasta que la piel esté dorada y crujiente y un termómetro de lectura

instantánea insertado en el pollo indique 170 ° F. Deje reposar el pollo durante 10 minutos antes de servir.

3. Mientras tanto, caliente 2 cucharadas de aceite de oliva en una sartén grande a fuego medio. Agrega las chalotas; cocine unos 2 minutos o hasta que esté transparente. Espolvorea la escarola con la cucharadita restante de pimienta. Agrega el ajo a la sartén. Coloca la escarola en una sartén, córtala por la mitad. Cocine durante unos 5 minutos o hasta que estén dorados. Gira con cuidado el rizo; cocine de 2 a 3 minutos adicionales o hasta que estén tiernos. Servir con pollo.

POLLO CON CEBOLLINO, BERROS Y RÁBANOS

TAREAS ESCOLARES:20 minutos de cocción: 8 minutos de cocción: 30 minutos rendimiento: 4 porciones

AUNQUE PUEDA PARECER EXTRAÑO COCINAR RÁBANOS, AQUÍ ESTÁN RECIÉN FRITOS, LO SUFICIENTE PARA ATENUAR SU TOQUE PICANTE Y ABLANDAR UN POCO.

- 3 cucharadas de aceite de oliva
- 4 mitades de pechuga de pollo con hueso de 10 a 12 onzas (con piel)
- 1 cucharada de especia de limoncillo (ver receta)
- ¾ taza de cebollino picado
- 6 rábanos, en rodajas finas
- ¼ cucharadita de pimienta negra
- ½ taza de vermut blanco seco o vino blanco seco
- ⅓ taza de crema de anacardos (ver receta)
- 1 manojo de berros, tallos cortados y picados
- 1 cucharada de eneldo fresco picado

1. Precaliente el horno a 350 ° F. Caliente el aceite de oliva en una sartén grande a fuego medio-alto. Seque el pollo con toallas de papel. Cocine el pollo con la piel hacia abajo durante 4 a 5 minutos o hasta que la piel esté dorada y crujiente. Dale la vuelta al pollo; cocine durante unos 4 minutos o hasta que estén dorados. Coloque el pollo, con la piel hacia arriba, en una fuente para hornear poco profunda. Espolvorea el pollo con el condimento de limón. Cocine durante unos 30 minutos o hasta que un termómetro de lectura instantánea insertado en el pollo marque 170 °F.

2. Mientras tanto, escurra toda la grasa de la sartén menos 1 cucharada; Vuelve a calentar la sartén. Agrega la hierba y el rábano; cocine durante unos 3 minutos o hasta que los chiles se ablanden. Espolvorea con pimienta. Agrega el vermú y revuelve para raspar los trozos marrones. Déjalo hervir; cocine hasta que se reduzca y espese un poco. Agrega la crema de anacardos; hervir. Retire la sartén del fuego; agregue los berros y el eneldo, revuelva suavemente hasta que los berros se marchiten. Agregue los jugos del pollo recogidos en la fuente para asar.

3. Divida la mezcla de cebollino en cuatro tazones para servir; cubierto con pollo.

POLLO TIKKA MASALA

TAREAS ESCOLARES: 30 minutos Marinar: 4-6 horas Cocinar: 15 minutos Asar a la parrilla: 8 minutos Rinde: 4 porciones

ESTÁ INSPIRADO EN UN PLATO INDIO MUY POPULAR. QUE PUEDE QUE NO SE HAYA ORIGINADO EN LA INDIA, SINO EN UN RESTAURANTE INDIO BRITÁNICO. SEGÚN EL TRADICIONAL POLLO TIKKA MASALA, EL POLLO SE MARINA EN YOGUR Y LUEGO SE COCINA EN UNA SALSA DE TOMATE PICANTE ROCIADA CON CREMA. COMO NO HAY LECHE PARA SUAVIZAR EL SABOR DE LA SALSA, ESTA VERSIÓN TIENE UN SABOR DECIDIDAMENTE LIMPIO. SIRVA CON FIDEOS CRUJIENTES DE CALABACÍN EN LUGAR DE ARROZ.

- 1½ libras de muslos de pollo deshuesados y sin piel o media pechuga de pollo
- ¾ taza de leche de coco (como Nature's Way)
- 6 dientes de ajo, picados
- 1 cucharada de jengibre fresco rallado
- 1 cucharadita de cilantro molido
- 1 cucharadita de pimentón
- 1 cucharadita de comino molido
- ¼ cucharadita de cardamomo molido
- 4 cucharadas de aceite de coco refinado
- 1 taza de zanahorias picadas
- 1 apio finamente picado
- ½ taza de cebolla picada
- 2 chiles jalapeños o serranos, sin semillas (si es necesario) y picados (ver se puede decidir)
- 1 lata de 14.5 onzas de tomates asados cortados en cubitos, sin sal y sin escurrir
- 1 lata de 8 onzas de salsa de tomate sin sal agregada
- 1 cucharadita de garam masala sin sal añadida
- 3 calabacines medianos
- ½ cucharadita de pimienta negra

hojas de cilantro fresco

1. Si usa muslos de pollo, corte cada muslo en tercios. Si usa media pechuga de pollo, corte cada pechuga en trozos de 2 pulgadas, cortando las partes gruesas por la mitad horizontalmente para obtener trozos más delgados. Coloque el pollo en una bolsa de plástico grande con cierre; dejar de lado, ignorar. Para la marinada, mezcle ½ taza de leche de coco, ajo, jengibre, cilantro, pimentón, comino y cardamomo en un tazón pequeño. Vierte la marinada sobre el pollo en la bolsa. Cierra la bolsa y dale la vuelta para cubrir el pollo. Coloca la bolsa en un tazón mediano; Déjelo marinar en el refrigerador durante 4 a 6 horas, volteando la bolsa de vez en cuando.

2. Precalienta la parrilla. Calienta 2 cucharadas de aceite de coco en una sartén grande a fuego medio. Agrega las zanahorias, el apio y la cebolla; cocine de 6 a 8 minutos o hasta que las verduras estén tiernas, revolviendo ocasionalmente. Agrega los jalapeños; cocine y revuelva por un minuto más. Agrega los tomates escurridos y el puré de tomate. Déjalo hervir; reduce el calor. Cocine a fuego lento durante unos 5 minutos o hasta que la salsa espese un poco.

3. Escurrir el pollo y verter la marinada. Coloque los trozos de pollo en una sola capa sobre la parrilla sin calentar. Ase a 5 a 6 pulgadas de calor durante 8 a 10 minutos o hasta que el pollo ya no esté rosado, volteándolo una vez a la mitad de la cocción. Agrega los trozos de pollo cocidos y el ¼ de taza de leche de coco restante a la mezcla de tomate en la sartén. Cocine durante 1-2 minutos o hasta que esté

completamente caliente. Alejar del calor; añade el garam masala.

4. Recortar los bordes de los calabacines. Corta los calabacines en tiras largas y finas con un cortador en juliana. En una sartén muy grande, calienta las 2 cucharadas restantes de aceite de coco a fuego medio-alto. Añade las tiras de calabacín y la pimienta negra. Cocine y revuelva durante 2-3 minutos o hasta que los calabacines estén crujientes.

5. Para servir, divida los calabacines en cuatro platos para servir. Coloque la mezcla de pollo encima. Adorne con hojas de cilantro.

MUSLOS DE POLLO RAS EL HANOUT

TAREAS ESCOLARES: 20 minutos de cocción: 40 minutos rendimiento: 4 porciones

RAS EL HANOUT ES UN RESORTY UNA MEZCLA DE EXÓTICAS ESPECIAS MARROQUÍES. EL TÉRMINO SIGNIFICA "TENDERO" EN ÁRABE, LO QUE SUGIERE QUE SE TRATA DE UNA MEZCLA ÚNICA DE LAS MEJORES ESPECIAS OFRECIDAS POR EL VENDEDOR DE ESPECIAS. NO EXISTE UNA RECETA FIJA PARA RAS EL HANOUT, PERO A MENUDO INCLUYE UNA MEZCLA DE JENGIBRE, ANÍS, CANELA, NUEZ MOSCADA, PIMIENTA, CLAVO, CARDAMOMO, FLORES SECAS (COMO LAVANDA Y ROSA), NIGELLA NEGRA, MACIS, GALANGA Y CÚRCUMA...

1 cucharada de comino molido
2 cucharaditas de jengibre molido
1½ cucharaditas de pimienta negra
1½ cucharaditas de azúcar moreno molido
1 cucharadita de cilantro molido
1 cucharadita de pimienta de cayena
1 cucharadita de pimienta de Jamaica molida
½ cucharadita de clavo molido
¼ cucharadita de nuez moscada molida
1 cucharadita de azafrán (opcional)
4 cucharadas de aceite de coco sin refinar
8 muslos de pollo con hueso
1 paquete de 8 onzas de champiñones frescos, rebanados
1 taza de cebolla picada
1 taza de pimientos rojos, amarillos o verdes picados (1 grande)
4 tomates Roma, sin semillas, sin corazón y cortados en cubitos
4 dientes de ajo, picados
2 latas de 13,5 onzas de leche de coco natural (como Nature's Way)
3-4 cucharadas de jugo de limón fresco
¼ de taza de cilantro fresco finamente picado

1. Para la cabeza de el hanout, mezcle el comino, el jengibre, la pimienta negra, la canela, el cilantro, la cayena, la pimienta de Jamaica, el clavo, la nuez moscada y, si lo desea, el azafrán en un mortero mediano o en un tazón pequeño. Triturar con un mortero o mezclar bien con una cuchara. Lo dejas a un lado, lo ignoras.

2. Calienta 2 cucharadas de aceite de coco en una sartén extra grande a fuego medio. Espolvorea los muslos de pollo con 1 cucharada de ras el hanout. Agrega el pollo a la sartén; cocine durante 5-6 minutos o hasta que esté dorado, volteándolo una vez a la mitad de la cocción. Retire el pollo de la sartén; mantenlo caliente

3. En la misma sartén, calienta las 2 cucharadas restantes de aceite de coco a fuego medio. Agrega los champiñones, la cebolla, el pimiento morrón, el tomate y el ajo. Cocine y revuelva durante unos 5 minutos o hasta que las verduras estén tiernas. Agrega la leche de coco, el jugo de lima y 1 cucharada de ras el hanout. Regrese el pollo a la sartén. Déjalo hervir; reduce el calor. Cocine a fuego lento, tapado, durante unos 30 minutos o hasta que el pollo esté tierno (175°F).

4. Sirva el pollo, las verduras y la salsa en tazones. Adorne con cilantro.

Nota: Guarde las sobras de Ras el Hanout en un recipiente tapado hasta por un mes.

MUSLO DE POLLO SOBRE ESPINACAS GUISADO EN ADOBO DE CARAMBOLA

TAREAS ESCOLARES: 40 minutos Adobo: 4-8 horas Cocción: 45 minutos Preparación: 4 porciones

SI ES NECESARIO, SECA EL POLLO. CON PAPEL ABSORBENTE DESPUÉS DE SACARLOS DE LA MARINADA ANTES DE DORARLOS EN LA SARTÉN. VIERTA EL LÍQUIDO RESTANTE DE LA CARNE EN EL ACEITE CALIENTE.

- 8 (1½ a 2 libras) muslos de pollo con hueso, sin piel
- ¾ taza de vinagre de sidra blanco o de manzana
- ¾ taza de jugo de naranja fresco
- ½ vaso de agua
- ¼ taza de cebolla picada
- ¼ de taza de cilantro fresco picado
- 4 dientes de ajo, picados
- ½ cucharadita de pimienta negra
- 1 cucharada de aceite de oliva
- 1 carambola (carambola), picada
- 1 taza de caldo de huesos de pollo (ver receta) o caldo de pollo sin sal
- 2 paquetes de 9 oz de hojas frescas de espinaca
- hojas de cilantro fresco (opcional)

1. Colocar el pollo en una olla de acero inoxidable o esmaltada; dejar de lado, ignorar. En un tazón mediano, combine el vinagre, el jugo de naranja, el agua, la cebolla, ¼ de taza de cilantro picado, el ajo y la pimienta; vierte sobre el pollo. Cubra y deje marinar en el refrigerador durante 4-8 horas.

2. Hierva la mezcla de pollo en una sartén a fuego medio-alto; reduce el calor. Cubra y ase durante 35 a 40 minutos o hasta que el pollo ya no esté rosado (175°F).

3. En una sartén extra grande, calienta el aceite a fuego medio-alto. Con unas pinzas, retire el pollo de la olla y revuelva suavemente para escurrir; reservar el líquido de cocción. Dore el pollo por todos lados, volteándolo con frecuencia para que se dore uniformemente.

4. Mientras tanto, vierte el líquido de cocción en la salsa; De vuelta al horno holandés. Déjalo hervir. Hervir durante unos 4 minutos para reducir y espesar un poco; agrega la carambola; hervir por un minuto más. Regrese el pollo con salsa a la olla. Alejar del calor; cúbralo para mantenerse caliente.

5. Limpiar la sartén. Vierte el caldo de huesos de pollo en una cacerola. Llevar a ebullición a fuego medio-alto; agrega las espinacas. Reducir el fuego; Cocine a fuego lento de 1 a 2 minutos o hasta que las espinacas se ablanden, revolviendo constantemente. Con una espumadera, transfiera las espinacas a un bol. Cubra con pollo y salsa. Si lo deseas, espolvorea con hojas de cilantro.

TACOS DE POLLO Y REPOLLO POBLANO CON MAYONESA DE CHIPOTLE

TAREAS ESCOLARES:Cocción 25 minutos: Rinde 40 minutos: 4 porciones

SIRVE ESTOS TACOS DESORDENADOS PERO SABROSOSCON UN TENEDOR PARA RECOGER EL RELLENO QUE CAE DE LA HOJA DE COL AL COMERLA.

1 cucharada de aceite de oliva

2 chiles poblanos, sin semillas (si es necesario) y finamente picados (verse puede decidir)

½ taza de cebolla picada

3 dientes de ajo, picados

1 cucharada de chile en polvo sin sal

2 cucharaditas de comino molido

½ cucharadita de pimienta negra

1 lata de 8 onzas de salsa de tomate sin sal agregada

¾ taza de caldo de huesos de pollo (verreceta) o caldo de pollo sin sal

1 cucharadita de orégano mexicano seco, picado

1 a 1,5 libras de muslos de pollo deshuesados y sin piel

10-12 hojas de col medianas o grandes

Chipotle Paleo Mayo (verreceta)

1. Precaliente el horno a 350 ° F. Caliente el aceite en una sartén grande resistente al horno a fuego medio-alto. Agrega el chile poblano, la cebolla y el ajo; cocine y revuelva durante 2 minutos. Agrega el chile en polvo, el comino y la pimienta negra; cocine y revuelva por un minuto más (baje el fuego si es necesario para evitar que las especias se quemen).

2. Agrega la salsa de tomate, el caldo de pollo y el orégano a la sartén. Déjalo hervir. Coloque con cuidado los muslos de pollo en la mezcla de tomate. Cubre la sartén con una tapa. Cocine durante unos 40 minutos o hasta que el pollo esté tierno (175°F), volteándolo a la mitad.

3. Retire el pollo de la sartén; enfriarlo un poco. Corta la pechuga de pollo en trozos pequeños con dos tenedores. Agrega el pollo desmenuzado a la mezcla de tomate en la sartén.

4. Para servir, coloque la mezcla de pollo encima de las hojas de repollo; cubierto con Chipotle Paleo Mayo.

ESTOFADO DE POLLO CON ZANAHORIAS BABY Y BOK CHOY

TAREAS ESCOLARES: 15 minutos tiempo de cocción: 24 minutos tiempo de reposo: 2 minutos rendimiento: 4 porciones

EL BABY BOK CHOY ES REALMENTE DELICIOSO. Y SE FRÍE EN UN INSTANTE. PARA MANTENERLO CRUJIENTE Y FRESCO Y NO BLANDO NI EMPAPADO, ASEGÚRESE DE COCINAR A FUEGO LENTO TAPADO (FUERA DEL FUEGO) EN LA OLLA CALIENTE DURANTE HASTA 2 MINUTOS ANTES DE SERVIR EL GUISO.

- 2 cucharadas de aceite de oliva
- 1 puerro, finamente picado (partes blanca y verde claro)
- 4 tazas de caldo de huesos de pollo (ver receta) o caldo de pollo sin sal
- 1 vaso de vino blanco seco
- 1 cucharada de mostaza Dijon (ver receta)
- ½ cucharadita de pimienta negra
- 1 ramita de tomillo fresco
- 1¼ libras de muslos de pollo deshuesados y sin piel, cortados en trozos de 1 pulgada
- 8 onzas de zanahorias pequeñas, con la parte superior, peladas, recortadas y cortadas por la mitad a lo largo, o 2 zanahorias medianas, cortadas en diagonal
- 2 cucharaditas de ralladura de limón finamente rallada (reservar)
- 1 cucharada de jugo de limón fresco
- 2 cabezas de col china
- ½ cucharadita de tomillo fresco picado

1. Calienta 1 cucharada de aceite de oliva en una sartén grande a fuego medio. Cocine los puerros en aceite caliente durante 3-4 minutos o hasta que estén tiernos. Agrega el caldo de pollo, el vino, la mostaza de Dijon, ¼ de cucharadita de pimienta y una ramita de tomillo. Déjalo

hervir; reduce el calor. Cocine durante 10-12 minutos o hasta que el líquido se haya reducido aproximadamente a un tercio. Deseche la ramita de tomillo.

2. Mientras tanto, caliente la cucharada restante de aceite de oliva en una olla a fuego medio-alto. Espolvorea el pollo con ¼ de cucharadita de pimienta restante. Freír en aceite caliente durante unos 3 minutos o hasta que estén dorados, revolviendo ocasionalmente. Escurrir la grasa si es necesario. Agregue con cuidado la mezcla de caldo reducido a la olla, raspando los trozos marrones; agrega las zanahorias. Déjalo hervir; reduce el calor. Cocine a fuego lento sin tapar durante 8 a 10 minutos o hasta que las zanahorias estén suaves. Agrega el jugo de limón. Corta el bok choy por la mitad a lo largo. (Si las cabezas de bok choy son grandes, córtelas en cuartos). Coloque el bok choy encima del pollo en la sartén. Cubrir y retirar del fuego; Dejar reposar 2 minutos.

3. Sirve el guiso en tazones planos. Espolvorea con ralladura de limón y tiras de tomillo.

POLLO MEZCLABLE CON ANACARDOS, NARANJAS Y PIMIENTOS DULCES EN ENVOLTURA DE ENSALADA

DE PRINCIPIO A FIN:45 minutos: 4-6 porciones

ENCONTRARÁS DOS TIPOS.ACEITE DE COCO EN LOS ESTANTES, REFINADO Y VIRGEN EXTRA, O SIN REFINAR. COMO SUGIERE EL NOMBRE, EL ACEITE DE COCO VIRGEN EXTRA PROVIENE DEL PRIMER PRENSADO DE COCOS FRESCOS Y CRUDOS. EL FUEGO MEDIO A MEDIO ALTO SIEMPRE ES MEJOR. EL ACEITE DE COCO REFINADO TIENE UN PUNTO DE HUMO MÁS ALTO, POR LO QUE SÓLO DEBE COCINARSE A TEMPERATURA ALTA.

1 cucharada de aceite de coco refinado

1½ a 2 libras de muslos de pollo deshuesados y sin piel, cortados en tiras finas

3 pimientos rojos, naranjas y/o amarillos con tallos, sin semillas y cortados en tiras finas

1 cebolla morada, cortada por la mitad a lo largo y en rodajas finas

1 cucharadita de piel de naranja finamente rallada (reservar)

½ taza de jugo de naranja fresco

1 cucharada de jengibre fresco picado

3 dientes de ajo, picados

1 taza de anacardos crudos sin sal, tostados y picados (verse puede decidir)

½ taza de cebollino verde picado (4)

8-10 hojas de lechuga mantequilla o iceberg

1. Calienta el aceite de coco en un wok o en una sartén grande a fuego alto. Agrega el pollo; cocine y revuelva durante 2 minutos. Agrega el pimiento y la cebolla; cocine y revuelva durante 2 a 3 minutos o hasta que las verduras comiencen a ablandarse. Retire el pollo y las verduras del wok; mantenlo caliente

2. Limpia el wok con una toalla de papel. Agrega el jugo de naranja al wok. Cocine durante unos 3 minutos o hasta que los jugos burbujeen y se reduzcan ligeramente. Agrega el jengibre y el ajo. Cocine y revuelva por un minuto. Regrese la mezcla de pollo y pimientos al wok. Agrega la ralladura de naranja, los anacardos y el cebollino. Cocine sobre una hoja de lechuga.

POLLO VIETNAMITA CON COCO Y LIMONCILLO

DE PRINCIPIO A FIN:30 minutos de preparación: 4 porciones

ESTE ES EL CURRY RÁPIDO DE COCO.PUEDE ESTAR EN LA MESA A LOS 30 MINUTOS DE COMENZAR A COMER BOCADILLOS, LO QUE LA CONVIERTE EN UNA COMIDA IDEAL PARA UNA SEMANA OCUPADA.

- 1 cucharada de aceite de coco sin refinar
- 4 ramitas de limoncillo (solo las partes ligeras)
- 1 champiñón porcini en un recipiente de 3,2 onzas, rebanado
- 1 cebolla morada grande en rodajas finas, aros cortados por la mitad
- 1 jalapeño fresco, sin semillas y picado (ver se puede decidir)
- 2 cucharadas de jengibre fresco picado
- 3 dientes de ajo, picados
- 1½ libras de muslos de pollo deshuesados y sin piel, en rodajas finas y cortados en cubitos
- ½ taza de leche de coco (como Nature's Way)
- ½ taza de caldo de huesos de pollo (ver receta) o caldo de pollo sin sal
- 1 cucharada de curry rojo en polvo sin sal
- ½ cucharadita de pimienta negra
- ½ taza de hojas de albahaca fresca picadas
- 2 cucharadas de jugo de lima fresco
- Coco rallado sin azúcar (opcional)

1. Calienta el aceite de coco en una sartén extra grande a fuego medio. Agrega la hierba de limón; cocine y revuelva durante 1 minuto. Agrega los champiñones, la cebolla, el jalapeño, el jengibre y el ajo; cocina y revuelve durante 2 minutos o hasta que la cebolla se ablande. Agrega el pollo; cocine durante unos 3 minutos o hasta que el pollo esté bien cocido.

2. Mezcle la leche de coco, el caldo de pollo, el curry en polvo y la pimienta negra en un tazón pequeño. Agrega a la mezcla de pollo en la sartén; cocine por un minuto o hasta que el líquido se espese un poco. Alejar del calor; agregue albahaca fresca y jugo de lima. Si es necesario, espolvoree porciones con nueces.

ENSALADA DE ESCAROLA DE MANZANA Y POLLO A LA PLANCHA

TAREAS ESCOLARES:30 minutos a la parrilla: 12 minutos Rinde: 4 porciones

SI TE GUSTAN LAS MANZANAS DULCESVA CON CHIPS DE MIEL. SI TE GUSTA EL PASTEL DE MANZANA, USA GRANNY SMITH O PRUEBA UNA COMBINACIÓN DE LOS DOS PARA MANTENER EL EQUILIBRIO.

3 manzanas Honeycrisp o Granny Smith medianas
4 cucharaditas de aceite de oliva virgen extra
½ taza de chalotas finamente picadas
2 cucharadas de perejil fresco picado
1 cucharada de condimento para aves
3-4 cabezas rizadas, cuartos
1 libra de pechuga de pavo o pollo picada
⅓ taza de avellanas tostadas picadas*
⅓ taza de vinagreta francesa clásica (ver<u>receta</u>)

1. Cortar la manzana por la mitad y quitarle el corazón. Pelar y picar 1 manzana. Calienta 1 cucharadita de aceite de oliva en una sartén mediana a fuego medio. Agrega las manzanas en rodajas y las chalotas; cocine hasta que esté suave. Agregue el perejil y el condimento para aves. Déjalo caer.

2. Mientras tanto, voltea las 2 manzanas restantes y córtalas en trozos pequeños. Unte el lado cortado de las rodajas de manzana y la escarola con el aceite de oliva restante. En un tazón grande, mezcle la mezcla de pollo y manzana enfriada. Dividir en ocho partes; Forme cada porción en una hamburguesa de 2 pulgadas de diámetro.

3. Para una parrilla de carbón o gas, coloque las hamburguesas de pollo y las rodajas de manzana directamente sobre la parrilla a fuego medio. Cubra y cocine a la parrilla durante 10 minutos, volteando una vez a la mitad de la parrilla. Agrega la escarola con el lado cortado hacia abajo. Cubra y cocine a la parrilla durante 2 a 4 minutos o hasta que la escarola esté ligeramente dorada, las manzanas tiernas y las albóndigas de pollo estén bien cocidas (165 °F).

4. Cortar la escarola en trozos grandes. Divida la escarola en cuatro tazones. Colocar encima las albóndigas de pollo, las rodajas de manzana y las avellanas. Sazona con la clásica vinagreta francesa.

*Tip: Para tostar las avellanas, precalienta el horno a 180°C. Distribuya las nueces en una sola capa en una fuente poco profunda. Cocine de 8 a 10 minutos o hasta que esté ligeramente dorado, revolviendo una vez para que se dore uniformemente. Deja que las nueces se enfríen un poco. Coloque el coco caliente sobre un paño de cocina limpio; Frote con una toalla para quitar la piel suelta.

SOPA DE POLLO TOSCANA CON COL NEGRA

TAREAS ESCOLARES: Cocine 15 minutos: 20 minutos Rinde: 4-6 porciones

UNA CUCHARADA DE PESTO- SU ELECCIÓN DE ALBAHACA O RÚCULA: AGREGA UN GRAN SABOR A ESTA DELICIOSA SOPA CUBIERTA CON CONDIMENTO PARA AVES SIN SAL. PARA MANTENER LAS TIRAS DE COL RIZADA DE COLOR VERDE BRILLANTE Y CONTENER TANTOS NUTRIENTES COMO SEA POSIBLE, COCÍNALAS SÓLO HASTA QUE SE ABLANDEN.

1 libra de pollo picado
2 cucharadas de condimento para aves sin sal
1 cucharadita de ralladura de limón finamente rallada
1 cucharada de aceite de oliva
1 taza de cebolla picada
½ taza de zanahorias ralladas
1 taza de apio picado
4 dientes de ajo, picados
4 tazas de caldo de huesos de pollo (ver receta) o caldo de pollo sin sal
1 lata de 14,5 onzas de tomates asados al fuego sin sal, escurridos
1 manojo de repollo Lacinato (toscano), sin tallos y cortado en tiras
2 cucharadas de jugo de limón fresco
1 cucharadita de tomillo fresco picado
Pesto de albahaca o rúcula (ver recetas)

1. En un tazón mediano, combine el pollo molido, el condimento para aves y la ralladura de limón. Mezclar bien.

2. Calienta el aceite de oliva en una cacerola a fuego medio. Agrega la mezcla de pollo, cebolla, zanahoria y apio; cocina durante 5-8 minutos o hasta que el pollo ya no esté

rosado, revuelve con una cuchara de madera para desmenuzar la carne y agrega el ajo picado en el último minuto de cocción. Agrega el caldo de pollo y los tomates. Déjalo hervir; reduce el calor. Tapar y cocinar a fuego lento durante 15 minutos. Agrega el repollo, el jugo de limón y el tomillo. Cocine a fuego lento sin tapar durante unos 5 minutos o hasta que el repollo esté tierno.

3. Cuando esté listo para servir, vierta la sopa en tazones y decore con pesto de albahaca o rúcula.

MANTECA DE POLLO

TAREAS ESCOLARES:15 minutos de cocción: 8 minutos de enfriamiento: 20 minutos rendimiento: 4 porciones

ESTA VERSIÓN DEL POPULAR PLATO TAILANDÉS. EL POLLO Y LAS VERDURAS MUY CONDIMENTADOS SERVIDOS SOBRE UNA HOJA DE LECHUGA SON INCREÍBLEMENTE LIGEROS Y SABROSOS SIN EL AZÚCAR, LA SAL Y LA SALSA DE PESCADO (QUE ES MUY RICA EN SODIO) AÑADIDOS QUE TRADICIONALMENTE SE INCLUYEN EN LA LISTA DE INGREDIENTES. CON AJO, CHILE TAILANDÉS, LIMONCILLO, RALLADURA DE LIMA, JUGO DE LIMA, MENTA Y CILANTRO, NO FALTAN.

- 1 cucharada de aceite de coco refinado
- 2 libras de pollo molido (95% de pechuga magra o molida)
- 8 onzas de champiñones, picados
- 1 taza de cebolla morada picada
- 1-2 chiles tailandeses, sin semillas y picados (ver se puede decidir)
- 2 cucharadas de ajo picado
- 2 cucharadas de limoncillo finamente picado*
- ¼ cucharadita de clavo molido
- ¼ cucharadita de pimienta negra
- 1 cucharada de piel de lima finamente rallada
- ½ taza de jugo de limón fresco
- ⅓ taza de hojas de menta fresca bien apretadas, picadas
- ⅓ taza de cilantro fresco bien empaquetado, picado
- 1 cabeza de lechuga iceberg, cortada en hojas

1. En una sartén extra grande, calienta el aceite de coco a fuego medio-alto. Agregue el pollo molido, los champiñones, la cebolla, los chiles, el ajo, la hierba de limón, los clavos y la pimienta negra. Cocine de 8 a 10 minutos o hasta que el pollo esté tierno, revolviendo con

una cuchara de madera para desmenuzar la carne mientras se cocina. Escurrir si es necesario. Transfiera la mezcla de pollo a un tazón muy grande. Deje enfriar durante unos 20 minutos o hasta que esté ligeramente más caliente que la temperatura ambiente, revolviendo ocasionalmente.

2. Agregue la ralladura de lima, el jugo de lima, la menta y el cilantro a la mezcla de pollo. Servir sobre hojas de ensalada.

* Consejo: Necesitarás un cuchillo afilado para preparar el limoncillo. Corta el tallo leñoso en la base del tallo y las duras hojas verdes en la parte superior de la planta. Retire las dos capas exteriores duras. Tome un trozo de limoncillo de unas 6 pulgadas de largo y de color amarillo claro. Corta el tallo por la mitad horizontalmente y luego vuelve a cortar cada mitad por la mitad. Corta cada cuarto del tallo en rodajas muy finas.

HAMBURGUESA DE POLLO CON SALSA DE ANACARDOS SZECHWANI

TAREAS ESCOLARES:30 minutos de cocción: 5 minutos de asado: 14 minutos: 4 porciones

ACEITE DE CHILE PRODUCIDO POR CALENTAMIENTO. EL ACEITE DE OLIVA CON PIMIENTO ROJO TRITURADO TAMBIÉN SE PUEDE UTILIZAR DE OTRAS FORMAS. ÚSELO PARA CONDIMENTAR VERDURAS FRESCAS O UNTE CON UN POCO DE ACEITE DE CHILE ANTES DE ASARLOS.

- 2 cucharadas de aceite de oliva
- ¼ cucharadita de pimiento rojo triturado
- 2 tazas de anacardos crudos, tostados (ver se puede decidir)
- ¼ taza de aceite de oliva
- ½ taza de calabacín rallado
- ¼ de taza de cebollino finamente picado
- 2 dientes de ajo picados
- 2 cucharaditas de ralladura de limón finamente rallada
- 2 cucharaditas de jengibre fresco rallado
- 1 libra de pechuga de pavo o pollo picada

SALSA DE ANACARDOS SZÉCHWANI

- 1 cucharada de aceite de oliva
- 2 cucharadas de cebollino finamente picado
- 1 cucharada de jengibre fresco rallado
- 1 cucharadita de polvo de cinco especias chinas
- 1 cucharadita de jugo de limón fresco
- 4 hojas de ensalada verde o hojas de mantequilla

1. Para el aceite de chile, mezcle el aceite de oliva y el chile triturado en una sartén pequeña. Calentar a fuego lento durante 5 minutos. Alejar del calor; dejar enfriar.

2. Para la mantequilla de anacardo, coloca los anacardos y 1 cucharada de aceite de oliva en una licuadora. Tapar y licuar hasta que esté cremoso, sin raspar los lados si es necesario, y agregar más aceite de oliva, 1 cucharada a la vez, hasta usar ¼ de taza y la mantequilla esté muy suave; dejar de lado, ignorar.

3. En un tazón grande, combine el calabacín, las chalotas, el ajo, la ralladura de limón y 2 cucharaditas de jengibre. Agrega el pollo molido; mezclar bien. Forme cuatro hamburguesas de ½ pulgada de grosor con la mezcla de pollo.

4. Para una parrilla de carbón o gas, coloque la hamburguesa en una parrilla engrasada directamente a fuego medio. Cubra y cocine a la parrilla de 14 a 16 minutos o hasta que esté bien cocido (165 °F), volteándolo una vez a la mitad de la cocción.

5. Mientras tanto, calienta el aceite de oliva para la salsa en una sartén pequeña a fuego medio. Agrega el cebollino y 1 cucharada de jengibre; cocine a fuego medio-bajo durante 2 minutos o hasta que las cebolletas se ablanden. Agregue ½ taza de mantequilla de anacardo (refrigere la mantequilla de anacardo sobrante hasta por una semana), aceite de chile, jugo de limón y cinco especias en polvo. Cocine por otros 2 minutos. Alejar del calor.

6. Sirve las empanadas sobre hojas de lechuga. Sazone con la salsa.

ROLLO DE POLLO TURCO

TAREAS ESCOLARES: 25 minutos de descanso: 15 minutos de cocción: 8 minutos rendimiento: 4-6 porciones

"BAHARAT" SIGNIFICA SIMPLEMENTE "ESPECIA" EN ÁRABE. UNA ESPECIA UNIVERSAL EN LA COCINA DEL MEDIO ORIENTE, A MENUDO SE USA PARA UNTAR EN PESCADO, AVES Y CARNES, O SE MEZCLA CON ACEITE DE OLIVA Y SE USA COMO ADOBO DE VERDURAS. LA COMBINACIÓN DE ESPECIAS DULCES Y PICANTES COMO CANELA, COMINO, CILANTRO, CLAVO Y PIMENTÓN LO HACE ESPECIALMENTE AROMÁTICO. LA ADICIÓN DE MENTA SECA ES UNA INFLUENCIA TURCA.

- ⅓ taza de orejones sin azufre, picados
- ⅓ taza de higos secos picados
- 1 cucharada de aceite de coco sin refinar
- 1,5 libras de pechuga de pollo molida
- 3 tazas de puerros picados (solo las partes blanca y verde claro) (3)
- ⅔ pimiento morrón verde y/o rojo mediano, en rodajas finas
- 2 cucharadas de condimento (ver receta, bajo)
- 2 dientes de ajo picados
- 1 taza de tomates sin hueso, cortados en cubitos (2 medianos)
- 1 taza de pepino sin semillas, en rodajas (½ tamaño mediano)
- ½ taza de pistachos sin sal, pelados y picados, tostados (ver se puede decidir)
- ¼ taza de menta fresca picada
- ¼ taza de perejil fresco picado
- 8-12 hojas grandes de lechuga mantequilla o Bibb

1. Coloque los albaricoques y los higos en un bol pequeño. Agrega ⅔ taza de agua hirviendo; Dejar reposar durante 15 minutos. Escurrir, reservando 1/2 taza de líquido.

2. Mientras tanto, calienta el aceite de coco en una sartén extra grande a fuego medio. Agrega el pollo molido; Cocine por 3 minutos, revolviendo con una cuchara de madera para que la carne se deshaga mientras se cocina. Agrega los puerros, el pimiento dulce, las especias y el ajo; cocine y revuelva durante unos 3 minutos, o hasta que el pollo y los pimientos estén tiernos. Agrega los albaricoques, los higos, el líquido reservado, los tomates y los pepinos. Cocine y revuelva durante unos 2 minutos o hasta que los tomates y los pepinos se deshagan. Agrega los pistachos, la menta y el perejil.

3. Sirve el pollo y las verduras sobre una hoja de lechuga.

Condimento: En un tazón pequeño, mezcle 2 cucharadas de pimentón dulce; 1 cucharada de pimienta negra; 2 cucharaditas de menta seca, finamente picada; 2 cucharaditas de comino molido; 2 cucharaditas de cilantro molido; 2 cucharaditas de café molido; 2 cucharaditas de clavo molido; 1 cucharadita de nuez moscada molida; y 1 cucharadita de cardamomo molido. Almacenar a temperatura ambiente en un recipiente bien cerrado. Rinde aproximadamente ½ taza.

GALLINAS DE CORNUALLES ESPAÑOLAS

TAREAS ESCOLARES:10 minutos de cocción: 30 minutos de cocción: 6 minutos
Producción: 2-3 porciones

ESTA RECETA NO PODRÍA SER MÁS SENCILLA."Y LOS RESULTADOS SON ABSOLUTAMENTE SORPRENDENTES". UNA GENEROSA CANTIDAD DE PIMENTÓN AHUMADO, AJO Y LIMÓN LE DAN A ESTOS PAJARITOS UN GRAN SABOR.

2 1/2 libras de gallina de Cornualles, descongelada si está congelada

1 cucharada de aceite de oliva

6 dientes de ajo, picados

2-3 cucharadas de pimentón dulce ahumado

¼-½ cucharadita de pimienta de cayena (opcional)

2 limones en cuartos

2 cucharadas de perejil fresco picado (opcional)

1. Precaliente el horno a 375°F. Para los cuartos de pollo salvaje, use tijeras de cocina o un cuchillo afilado para cortar ambos lados de la columna vertebral estrecha. Abra el ave en forma de mariposa y corte el pollo por la mitad de la pechuga. Retire los cuartos traseros cortando la piel y la carne, separando los muslos de la pechuga. Mantenga las alas y el cofre intactos. Frote los trozos de gallina de Cornualles con aceite de oliva. Espolvorea con ajo picado.

2. Coloque los trozos de pollo, con la piel hacia arriba, en una fuente para hornear extra grande. Espolvorea con pimentón ahumado y pimienta de cayena. Exprime los cuartos de limón sobre el pollo; agregue los cuartos de limón a la sartén. Coloque los trozos de pollo con la piel

hacia abajo en la sartén. Tape y cocine por 30 minutos. Retire la sartén del horno.

3. Precalienta la parrilla. Con unas pinzas, voltea las piezas. Ajuste la rejilla del horno. Ase a 4 a 5 pulgadas de calor durante 6 a 8 minutos, hasta que la piel esté dorada y el pollo tierno (175 °F). Rocíe con los jugos de la sartén. Espolvorea con perejil si lo deseas.

PECHUGA DE PATO CON ENSALADA DE GRANADA Y JÍCAMA

TAREAS ESCOLARES:Cocción en 15 minutos: Rendimiento en 15 minutos: 4 porciones

CORTAR UN PATRÓN DE DIAMANTE ALA GRASA DE LA PECHUGA DE PATO PERMITE QUE SE ESCURRA MIENTRAS SE COCINA LA PECHUGA SAZONADA CON GARAM MASALA. LA GRASA SE MEZCLA CON JÍCAMA, SEMILLAS DE GRANADA, JUGO DE NARANJA Y CALDO DE RES Y SE MEZCLA CON HIERBAS PICANTES PARA QUE SE ABLANDE UN POCO.

4 pechugas de pato real deshuesadas (alrededor de 1,5 a 2 libras en total)
1 cucharada de garam masala
1 cucharada de aceite de coco sin refinar
2 tazas de jícama pelada y cortada en cubitos
½ taza de semillas de granada
¼ de taza de jugo de naranja fresco
¼ de taza de caldo de huesos de res (ver receta) o sopa de ternera sin sal añadida
3 tazas de berros, sin tallos
3 tazas de escarola frisia y/o escarola belga en rodajas finas

1. Con un cuchillo afilado, haga cortes planos en forma de diamante a 1 pulgada de distancia en la grasa de la pechuga de pato. Espolvorea ambos lados de las pechugas con garam masala. Calienta una sartén extra grande a fuego medio. Derrita el aceite de coco mientras revuelve mientras está caliente. Coloque las mitades de pechuga con la piel hacia abajo en la sartén. Cocine con la piel hacia abajo durante 8 minutos, teniendo cuidado de que no se dore demasiado rápido (reduzca el fuego si es necesario). Voltee las pechugas de pato; cocine por 5 a 6 minutos adicionales o hasta que un termómetro de lectura

instantánea insertado en la pechuga registre 145 ° F para el medio. Retire las pechugas y reserve la grasa en la sartén; Cubrir con papel de aluminio para mantener el calor.

2. Para condimentar, agregue la jícama a la grasa de la sartén; cocina y revuelve durante 2 minutos a fuego medio. Agrega las semillas de granada, el jugo de naranja y el caldo de huesos de res a la sartén. Déjalo hervir; retirar del fuego inmediatamente.

3. Para la ensalada, mezcle los berros y el frisée en un bol grande. Vierta el aderezo caliente sobre las verduras; tirar un abrigo.

4. Divida la ensalada en cuatro platos. Cortar la pechuga de pato en rodajas finas y añadir a las ensaladas.

PAVO ASADO CON PURÉ DE RAÍZ DE AJO

TAREAS ESCOLARES: Tiempo de cocción: 2 horas y 45 minutos reposo: 15 minutos rendimiento: 12-14 porciones

BUSCA LOS PAVOS QUE TIENENO SE ADMINISTRÓ SOLUCIÓN SALINA. SI LA ETIQUETA DICE "ENRIQUECIDO" O "AUTO-ROCIADO", PROBABLEMENTE ESTÉ LLENO DE SODIO Y OTROS ADITIVOS.

- 1 pavo, 12-14 libras
- 2 cucharadas de condimento mediterráneo (ver receta)
- ¼ taza de aceite de oliva
- 3 libras de zanahorias medianas, peladas, sin corazón y cortadas por la mitad o en cuartos a lo largo
- 1 receta de puré de raíz de ajo (ver receta, bajo)

1. Precaliente el horno a 425°F. Retire el cuello y las menudencias del pavo; reservar para otros fines según sea necesario. Afloje suavemente la piel del borde del seno. Pasa los dedos debajo de la piel para crear un bolsillo en la parte superior del pecho y los muslos. Vierta 1 cucharada de aderezo mediterráneo debajo de la piel; extiéndalo uniformemente sobre el pecho y los muslos con los dedos. Tire hacia atrás la piel de su cuello; asegúrelo con una brocheta. Meta los extremos de sus muslos debajo de la correa de cuero a lo largo de la cola. Si no quedan tiras de piel, ate bien la parte inferior de las piernas a la cola con hilo de cocina 100% algodón. Gira las puntas de las alas debajo de tu espalda.

2. Coloque el pavo, con la pechuga hacia arriba, sobre una rejilla en una fuente poco profunda. Unte el pavo con 2

cucharadas de aceite. Espolvorea el pavo con las demás especias mediterráneas. Inserte un termómetro para carnes en el centro del músculo interno del muslo; el termómetro no debe tocar el hueso. Cubra el pavo sin apretar con papel de aluminio.

3. Ase durante 30 minutos. Reduzca la temperatura del horno a 325 ° F. Hornee durante 1 1/2 horas. En un tazón muy grande, mezcle las zanahorias y las 2 cucharadas de aceite restantes; tirar un abrigo. Extienda las zanahorias en una bandeja para hornear con borde grande. Retire el papel de aluminio del pavo y corte una tira de piel o hilo entre las piernas. Ase las zanahorias y el pavo durante 45 minutos a 1 ¼ horas más, o hasta que un termómetro registre 175 °F.

4. Saca el pavo del horno. Caparazón; déjelo reposar durante 15 a 20 minutos antes de cortarlo. Sirve el pavo con puré de zanahoria y raíces de ajo.

Puré de raíces de ajo: pique y pele de 3 a 3½ libras de colinabos y de 1½ a 2 libras de raíz de apio; Cortar en trozos de 2 pulgadas. En una cacerola de 6 cuartos, cocine los colinabos y la raíz de apio en suficiente agua hirviendo para cubrirlos durante 25 a 30 minutos, o hasta que estén muy tiernos. Mientras tanto, en un cazo mezcla 3 cucharadas de aceite de oliva virgen extra y 6-8 dientes de ajo picados. Cocine a fuego lento durante 5 a 10 minutos o hasta que el ajo esté muy fragante pero no dorado. Agregue con cuidado ¾ taza de caldo de huesos de pollo (ver_receta_) o caldo de pollo sin sal. Déjalo hervir; Alejar del calor. Escurrir las verduras y devolverlas a la olla.

Tritura las verduras con un machacador de patatas o bátelas con unas varillas eléctricas a fuego lento. Agrega ½ cucharadita de pimienta negra. Licue o agregue gradualmente la mezcla de caldo hasta que las verduras estén combinadas y casi suaves. Si es necesario, agregue otro ¼ de taza de caldo de huesos de pollo hasta alcanzar la consistencia deseada.

PECHUGA DE PAVO RELLENA DE PESTO Y RÚCULA

TAREAS ESCOLARES:30 minutos de cocción: 1 hora y 30 minutos reposo: 20 minutos
Rinde: 6 porciones

ESTE ES PARA LOS AMANTES DE LAS CARNES BLANCAS.HAY UNA PECHUGA DE PAVO CRUJIENTE RELLENA CON TOMATES SECADOS AL SOL, ALBAHACA Y HIERBAS MEDITERRÁNEAS. LAS SOBRAS SON UNA EXCELENTE COMIDA.

1 taza de tomates secados al sol sin azufre (no envasados en aceite)

1 pechuga de pavo medio deshuesada y con piel de 4 kg

3 cucharaditas de especias mediterráneas (ver receta)

1 taza de hojas de albahaca fresca sin apretar

1 cucharada de aceite de oliva

8 onzas de rúcula tierna

3 tomates grandes cortados por la mitad y en cubitos

¼ taza de aceite de oliva

2 cucharadas de vinagre de vino tinto

pimienta negra

1½ tazas de pesto de albahaca (ver receta)

1. Precaliente el horno a 375°F. En un tazón pequeño, vierta suficiente agua hirviendo sobre los tomates secados al sol para cubrirlos. Dejar reposar 5 minutos; filtrar y cortar en trozos.

2. Coloque la pechuga de pavo con la piel hacia abajo sobre una hoja grande de plástico. Coloque otra hoja de plástico sobre el pavo. Usando el lado plano de un mazo para carne, golpee suavemente la pechuga hasta que tenga un espesor uniforme, aproximadamente ¾ de pulgada. Deseche la envoltura de plástico. Espolvorea 1 1/2

cucharaditas de la mezcla de especias mediterráneas sobre la carne. Completar con tomates cherry y hojas de albahaca. Enrolle con cuidado la pechuga de pavo con la piel hacia afuera. Con hilo de cocina 100% algodón, asegure el asado en cuatro o seis lugares. Unte con 1 cucharada de aceite de oliva. Espolvorea el asado con la 1½ cucharadita restante del condimento mediterráneo.

3. Coloque el asado sobre una rejilla en una fuente poco profunda, con la piel hacia arriba. Cocine sin tapar durante 1 1/2 horas, o hasta que un termómetro de lectura instantánea insertado cerca del centro marque 165 °F y la piel esté dorada y crujiente. Saca el pavo del horno. Cubra sin apretar con papel de aluminio; déjelo reposar durante 20 minutos antes de cortarlo.

4. Para la ensalada de rúcula, combine la rúcula, los tomates, ¼ de taza de aceite de oliva, vinagre y pimienta al gusto en un tazón grande. Retire el hilo de la parrilla. Corta el pavo en rodajas finas. Servido con rúcula y pesto de albahaca.

PECHUGA DE PAVO PICANTE CON SALSA BARBACOA DE CEREZAS

TAREAS ESCOLARES:15 minutos de cocción: 1 hora y 15 minutos reposo: 45 minutos
Rinde: 6-8 porciones

ESTA ES UNA BUENA RECETAATIENDE A UNA MULTITUD EN UNA BARBACOA EN EL PATIO TRASERO SI QUIERES HACER ALGO MÁS QUE HACER HAMBURGUESAS. SIRVA CON UNA ENSALADA CRUJIENTE, COMO UNA ENSALADA DE BRÓCOLI CRUJIENTE (VER<u>RECETA</u>) O UNA ENSALADA DE COLES DE BRUSELAS PELADAS (VER<u>RECETA</u>).

Pechuga de pavo entera deshuesada, 4-5 libras
3 cucharadas de mezcla de especias ahumadas (ver<u>receta</u>)
2 cucharadas de jugo de limón fresco
3 cucharadas de aceite de oliva
1 vaso de vino blanco seco, como Sauvignon Blanc
1 taza de cerezas Bing frescas o congeladas, sin hueso y picadas
⅓ taza de agua
1 taza de salsa barbacoa (ver<u>receta</u>)

1. Deja reposar la pechuga de pavo a temperatura ambiente durante 30 minutos. Precalienta el horno a 325°F. Coloque la pechuga de pavo, con la piel hacia arriba, en una bandeja para hornear.

2. En un tazón pequeño, mezcle las especias ahumadas, el jugo de limón y el aceite de oliva hasta formar una pasta. Retire la piel de la carne; Extienda con cuidado la mitad de la masa sobre la carne debajo de la piel. Extienda la pasta restante uniformemente sobre la piel. Vierta el vino en el fondo de la cacerola.

3. Ase durante 1¼ a 1½ horas, o hasta que la piel esté dorada y un termómetro de lectura instantánea insertado en el centro del asado (sin tocar el hueso) registre 170°F, girando la sartén a la mitad del tiempo de cocción. Deje reposar durante 15 a 30 minutos antes de cortar.

4. Mientras tanto, para la salsa barbacoa de cerezas, combine las cerezas y el agua en una sartén mediana. Déjalo hervir; reduce el calor. Cocine a fuego lento durante 5 minutos. Agrega la salsa barbacoa; Hervir durante 5 minutos. Sirva caliente o a temperatura ambiente con el pavo.

FILETE DE PAVO AL VINO

TAREAS ESCOLARES: 30 minutos de cocción: 35 minutos rendimiento: 4 porciones

COCINE EL PAVO EN UNA SARTÉN. LA COMBINACIÓN DE VINO, TOMATES ROMA CORTADOS EN CUBITOS, CALDO DE POLLO, HIERBAS FRESCAS Y PIMIENTO ROJO MOLIDO LE DA UN GRAN SABOR. SIRVA ESTE PLATO PARECIDO A UN GUISO EN TAZONES POCO PROFUNDOS CON UNA CUCHARA GRANDE PARA ABSORBER EL SABROSO CALDO CON CADA BOCADO.

2 filetes de pavo de 8 a 12 onzas, cortados en trozos de 1 pulgada

2 cucharadas de condimento para aves sin sal

2 cucharadas de aceite de oliva

6 dientes de ajo picados (1 cucharada)

1 taza de cebolla picada

½ taza de apio picado

6 tomates Roma, sin semillas y picados (aproximadamente 3 tazas)

½ vaso de vino blanco seco, como Sauvignon Blanc

½ taza de caldo de huesos de pollo (ver receta) o caldo de pollo sin sal

½ cucharadita de romero fresco finamente picado

¼-½ cucharadita de chile picado

½ taza de hojas de albahaca fresca picadas

½ taza de perejil fresco, cortado en tiras

1. Coloque los trozos de pavo en un tazón grande para cubrirlos con el condimento para aves. En una sartén antiadherente extra grande, caliente 1 cucharada de aceite de oliva a fuego medio. Freír el pavo en tandas en aceite caliente hasta que esté dorado por todos lados. (No es necesario que el pavo esté bien cocido). Colóquelo en un plato y manténgalo caliente.

2. Agregue la cucharada restante de aceite de oliva a la sartén. Aumente el fuego a medio-alto. Agrega el ajo; cocine y revuelva durante 1 minuto. Agrega la cebolla y el apio; cocine y revuelva durante 5 minutos. Agrega la carne y el caldo de pavo, los tomates, el vino, el caldo de pollo, el romero y el pimiento rojo triturado. Reducir la temperatura a media baja. Tape y cocine por 20 minutos, revolviendo ocasionalmente. Agrega la albahaca y el perejil. Tape y cocine por otros 5 minutos o hasta que el pavo ya no esté rosado.

PECHUGA DE PAVO PICADA CON SALSA DE CEBOLLINO Y CAMARONES

TAREAS ESCOLARES:30 minutos de cocción: 15 minutos rendimiento: 4 porcionesFOTO

CORTAR EL FILETE DE PAVO POR LA MITAD.SI ES POSIBLE, PRESIONE CADA UNO HORIZONTALMENTE CON LA PALMA DE SU MANO, APLICANDO UNA PRESIÓN CONSTANTE MIENTRAS CORTA LA CARNE.

- ¼ taza de aceite de oliva
- 2 filetes de pavo de 8 a 12 onzas, cortados por la mitad horizontalmente
- ¼ de cucharadita de pimienta negra recién molida
- 3 cucharadas de aceite de oliva
- 4 dientes de ajo, picados
- 8 onzas de camarones medianos, pelados y desvenados, sin colas y cortados por la mitad a lo largo
- ¼ vaso de vino blanco seco, caldo de huesos de pollo (ver receta), o sopa de pollo sin sal
- 2 cucharadas de cebollino fresco picado
- ½ cucharadita de ralladura de limón finamente rallada
- 1 cucharada de jugo de limón fresco
- Pasta de calabaza y tomate (ver receta, abajo) (opcional)

1. Calienta 1 cucharada de aceite de oliva en una sartén extra grande a fuego medio-alto. Agrega el pavo a la sartén; espolvorear con pimienta. Reduzca el fuego a medio. Cocine de 12 a 15 minutos o hasta que ya no esté rosado y los jugos salgan claros (165 °F), volteándolos a la mitad de la cocción. Retire el filete de pavo de la sartén. Cubrir con papel de aluminio para mantener el calor.

2. Para la salsa, calienta 3 cucharadas de aceite en la misma sartén a fuego medio. Agrega el ajo; Cocine por 30

segundos. Agrega los camarones; cocine y revuelva durante 1 minuto. Agrega el vino, el cebollino y la ralladura de limón; cocine y revuelva por un minuto más o hasta que los camarones se vuelvan opacos. Alejar del calor; agrega el jugo de limón. Al servir, vierte la salsa sobre el filete de pavo. Sirva con calabaza y pasta de tomate, si lo desea.

Pasta de calabaza y tomate: Con una mandolina o un pelador de juliana, corte 2 calabacines amarillos en tiras de juliana. En una sartén grande, calienta 1 cucharada de aceite de oliva virgen extra a fuego medio-alto. Agregue divisores; cocine por 2 minutos. Agrega los tomates cherry cortados en cuartos y ¼ de cucharadita de pimienta negra recién molida; cocine por 2 minutos más o hasta que la calabaza esté suave y crujiente.

PAVO GUISADO CON TUBÉRCULOS

TAREAS ESCOLARES:30 minutos tiempo de cocción: 1 hora 45 minutos Rinde: 4 porciones

ESTE ES UNO DE ESOS PLATOSIMPRESCINDIBLE EN UNA FRESCA TARDE DE OTOÑO CUANDO TIENES TIEMPO DE PASEAR FUMANDO EN EL HORNO. SI HACER EJERCICIO NO LE ABRE EL APETITO, EL MARAVILLOSO OLOR QUE ENTRA POR LA PUERTA SEGURAMENTE LO HARÁ.

3 cucharadas de aceite de oliva

4 muslos de pavo, 20-24 oz

½ cucharadita de pimienta negra recién molida

6 dientes de ajo, pelados y machacados

1½ cucharadita de semillas de hinojo, trituradas

1 cucharadita de pimienta de Jamaica entera, picada*

1½ tazas de caldo de huesos de pollo (ver receta) o caldo de pollo sin sal

2 ramitas de romero fresco

2 ramitas de tomillo fresco

1 hoja de laurel

2 cebollas grandes, peladas y cortadas en 8 rodajas

6 zanahorias grandes, peladas y cortadas en rodajas de 1 pulgada

2 nabos grandes, pelados y cortados en cubos de 1 pulgada

2 chirivías medianas, peladas y cortadas en rodajas de 1 pulgada**

1 raíz de apio, pelada y cortada en trozos de 1 pulgada

1. Precaliente el horno a 350 ° F. Caliente el aceite de oliva en una sartén grande a fuego medio-alto hasta que brille. Agrega 2 muslos de pavo. Freír durante unos 8 minutos o hasta que las piernas estén doradas y crujientes por todos lados, luego freír nuevamente hasta que se doren uniformemente. Transfiera las piernas de pavo a un plato;

repita con las 2 piernas de pavo restantes. Lo dejas a un lado, lo ignoras.

2. Añade la pimienta de cayena, el ajo, las semillas de hinojo y la pimienta de Jamaica a la sartén. Cocine y revuelva a fuego medio durante 1-2 minutos o hasta que esté fragante. Agrega el caldo de pollo, el romero, el tomillo y las hojas de laurel. Deje hervir, revolviendo para raspar los trozos marrones del fondo de la sartén. Retire la sartén del fuego y reserve.

3. En una olla extra grande con tapa hermética, mezcle la cebolla, la zanahoria, el nabo, la chirivía y la raíz de apio. Agrega el líquido de la sartén; tirar un abrigo. Presione la pierna de pavo en la mezcla de verduras. Cubrir con una tapa.

4. Cocine durante aproximadamente una hora y 45 minutos, o hasta que las verduras estén tiernas y el pavo bien cocido. Sirva las piernas de pavo y las verduras en tazones grandes y poco profundos. Espolvorea el jugo de la sartén por encima.

*Consejo: Para triturar las especias y las semillas de hinojo, coloque las semillas en una tabla de cortar. Presione hacia abajo con el lado plano de un cuchillo de chef para triturar ligeramente las semillas.

**Consejo: corte trozos grandes de la parte superior de las chirivías.

VERDURAS DE PAVO CON KETCHUP DE CEBOLLA CARAMELIZADA Y KETCHUP DE REPOLLO ASADO

TAREAS ESCOLARES:15 minutos de cocción: 30 minutos de cocción: 1 hora y 10 minutos tiempo de reposo: 5 minutos rendimiento: 4 porciones

EL CLÁSICO PASTEL DE CARNE CON KETCHUP SIN DUDA ESEN EL MENÚ PALEO DURANTE EL KETCHUP (VER<u>RECETA</u>) SIN AÑADIR SAL NI AZÚCAR. AQUÍ LA SALSA DE TOMATE SE MEZCLA CON CEBOLLA CARAMELIZADA, QUE SE APILA ENCIMA DEL PASTEL DE CARNE ANTES DE COCINARLO.

- 1½ libras de pavo molido
- 2 huevos, ligeramente batidos
- ½ taza de harina de almendras
- ⅓ taza de perejil fresco picado
- ¼ de taza de chalotes en rodajas finas (2)
- 1 cucharada de salvia fresca picada o 1 cucharadita de salvia seca picada
- 1 cucharada de tomillo fresco picado o 1 cucharadita de tomillo seco picado
- ¼ cucharadita de pimienta negra
- 2 cucharadas de aceite de oliva
- 2 cebollas dulces partidas por la mitad y en rodajas finas
- 1 taza de ketchup paleo (ver<u>receta</u>)
- 1 cabeza de repollo pequeña, partida por la mitad, sin semillas y cortada en 8 rodajas
- ½-1 cucharadita de chile triturado

1. Precaliente el horno a 350°F. Forre una bandeja para hornear grande con papel para hornear; dejar de lado, ignorar. En un tazón grande, combine el pavo molido, el huevo, la harina de almendras, el perejil, el cebollino, la salvia, el tomillo y la pimienta negra. En la bandeja para

hornear preparada, forme una hogaza de 8×4 pulgadas con la mezcla de pavo. Cocine por 30 minutos.

2. Mientras tanto, para el ketchup de cebolla caramelizada, caliente 1 cucharada de aceite de oliva en una sartén grande a fuego medio. Agrega la cebolla; cocine durante unos 5 minutos o hasta que la cebolla comience a dorarse, revolviendo con frecuencia. Reduzca la temperatura a media baja; Cocine durante unos 25 minutos o hasta que estén dorados y muy tiernos, revolviendo ocasionalmente. Alejar del calor; agregue salsa de tomate Paleo.

3. Vierta el ketchup de cebolla caramelizada sobre el sándwich de pavo. Coloca las rodajas de repollo alrededor del pan. Unte el repollo con la cucharada restante de aceite de oliva; espolvoree pimiento rojo triturado encima. Hornee durante unos 40 minutos o hasta que un termómetro de lectura instantánea insertado en el centro del pan indique 165 °F, agregue más salsa de tomate de cebolla caramelizada y voltee la ensalada después de 20 minutos. Deje reposar el sándwich de pavo durante 5 a 10 minutos antes de cortarlo.

4. Sirva el sándwich de pavo con las rodajas de repollo y el resto del ketchup de cebolla caramelizada.

CAMISA DE PAVO

TAREAS ESCOLARES:20 minutos de cocción: 8 minutos de cocción: 16 minutos de preparación: 4 porciones

LOS INGREDIENTES DE ESTA SOPA MEXICANA CALIENTEESTOS SON MÁS QUE GUARNICIONES. EL CILANTRO APORTA UN SABOR DISTINTIVO, LA CREMOSIDAD DEL AGUACATE Y LAS PEPITAS TOSTADAS APORTAN UN DELICADO CRUJIDO.

8 tomates cherry frescos
1¼ a 1½ libras de pavo molido
1 pimiento rojo, sin semillas y cortado en tiras finas
½ taza de cebolla picada (1 mediana)
6 dientes de ajo picados (1 cucharada)
1 cucharada de condimento mexicano (ver receta)
2 tazas de caldo de huesos de pollo (ver receta) o caldo de pollo sin sal
1 lata de 14,5 onzas de tomates asados al fuego sin sal, escurridos
1 chile jalapeño o serrano, sin semillas y picado (verse puede decidir)
1 aguacate mediano cortado por la mitad, pelado, sin hueso y en rodajas finas
¼ de taza de pepitas sin sal, tostadas (verse puede decidir)
¼ de taza de cilantro fresco picado
rodaja de limon

1. Precalienta la parrilla. Retire la piel de los tomatillos y deséchelos. Lava los tomatillos y córtalos por la mitad. Coloque las mitades de tomate en una parrilla sin calentar. Ase a la parrilla a 4 a 5 pulgadas de calor durante 8 a 10 minutos o hasta que estén ligeramente dorados, volteándolos una vez a la mitad de la cocción. Dejar enfriar un poco en un molde sobre una rejilla.

2. Mientras tanto, cocina el pavo, el pimiento morrón y la cebolla en una sartén grande a fuego medio-alto durante 5

a 10 minutos, o hasta que el pavo esté dorado y las verduras tiernas, revolviendo la mezcla con una cucharada de leña. Cocción Si es necesario, escurrir la grasa. Agrega el ajo y el condimento mexicano. Cocine y revuelva por un minuto más.

3. En una licuadora, combine dos tercios de los tomatillos carbonizados y 1 taza de caldo de huesos de pollo. Cubra y mezcle hasta que quede suave. Agregue a la mezcla de pavo en la sartén. Agregue la 1 taza restante de caldo de pollo, los tomates secados al sol y el chile. Pica en trozos grandes el tomatillo restante; agregue a la mezcla de pavo. Déjalo hervir; reduce el calor. Tapar y dejar cocinar a fuego lento durante 10 minutos.

4. Cuando esté listo para servir, sumerja la sopa en tazones planos. Está cubierto con aguacate, pepitas y cilantro. Pasa las rodajas de lima sobre la sopa.

CALDO DE HUESOS DE POLLO

TAREAS ESCOLARES: 15 minutos Asado: 30 minutos Cocción: 4 horas Refrigeración: Toda la noche Preparación: Aproximadamente 10 tazas

PARA EL MEJOR SABOR FRESCO Y SUPERIOR. INFORMACIÓN NUTRICIONAL: UTILICE CALDO DE POLLO CASERO EN LAS RECETAS. (NO CONTIENE SAL, CONSERVANTES NI ADITIVOS). DORAR LOS HUESOS ANTES DE COCINARLOS AL VAPOR MEJORA EL SABOR. A MEDIDA QUE SE COCINAN LENTAMENTE EN LÍQUIDO, LOS HUESOS APORTAN A LA SOPA MINERALES COMO CALCIO, FÓSFORO, MAGNESIO Y POTASIO. LA SIGUIENTE VARIANTE DE OLLA DE COCCIÓN LENTA HACE QUE SEA ESPECIALMENTE FÁCIL DE PREPARAR. CONGELE EN RECIPIENTES DE 2 Y 4 TAZAS Y DESCONGELE SOLO LO QUE NECESITE.

- 2 kilos de alitas de pollo y filete
- 4 zanahorias, finamente picadas
- 2 puerros grandes, solo las partes blanca y verde claro, en rodajas finas
- 2 tallos de apio con hojas, picados en trozos grandes
- 1 chirivía, picada en trozos grandes
- 6 ramitas grandes de perejil italiano (hojas planas)
- 6 ramitas de tomillo fresco
- 4 dientes de ajo, cortados por la mitad
- 2 cucharaditas de pimienta negra entera
- 2 dientes enteros
- Agua fría

1. Precaliente el horno a 425°F. Coloca las alitas de pollo y el filete en una bandeja para hornear grande; Ase durante 30-35 minutos o hasta que estén dorados.

2. Transfiera los trozos de pollo dorados y los trozos tostados recogidos en la sartén a una olla grande. Agregue las zanahorias, los puerros, el apio, las chirivías, el perejil, el tomillo, el ajo, la pimienta y los clavos. Vierta suficiente agua fría (unas 12 tazas) en una olla grande para cubrir el pollo y las verduras. Llevar a ebullición a temperatura media; Ajuste el fuego para que el caldo hierva a fuego lento muy lentamente, y las burbujas apenas rompan la superficie. Tapar y cocinar a fuego lento durante 4 horas.

3. Cuela la sopa caliente a través de un colador grande forrado con dos capas de estopilla húmeda de 100% algodón. Deseche los sólidos. Cubre el caldo y refrigera durante la noche. Antes de usar, retira la capa de grasa de la parte superior del caldo y deséchala.

Consejo: Para diluir el caldo (opcional), mezcle 1 clara de huevo, 1 cáscara de huevo triturada y ¼ de taza de agua fría en un tazón pequeño. Mezclar la mezcla con el caldo filtrado en un recipiente. Volvamos a hervirlo. Alejar del calor; Dejar reposar 5 minutos. Filtrar el caldo caliente a través de un colador frío forrado con doble gasa 100% algodón. Deje enfriar y elimine la grasa antes de usar.

Instrucciones para la olla de cocción lenta: Prepárelo como se indica, excepto en el Paso 2, y coloque los ingredientes en una olla de cocción lenta de 5 a 6 cuartos. Tapar y cocinar a fuego lento durante 12-14 horas. Continúe como se describe en el Paso 3. Rinde aproximadamente 10 tazas.

SALMÓN HARISSA VERDE

TAREAS ESCOLARES: 25 minutos Hornear: 10 minutos Grill: 8 minutos Rinde: 4 porciones FOTO

SE UTILIZA UN PELADOR DE PATATAS ESTÁNDAR. CORTE LOS ESPÁRRAGOS FRESCOS CRUDOS EN TIRAS FINAS PARA LA ENSALADA. MEZCLADO CON UNA VINAGRETA DE CÍTRICOS BRILLANTE (VER RECETA) Y RELLENO DE PIPAS DE GIRASOL TOSTADAS Y AHUMADAS, ES UN REFRESCANTE ACOMPAÑAMIENTO DEL CHUTNEY DE SALMÓN Y VERDURAS VERDES.

SALMÓN
- 4 filetes de salmón sin piel, frescos o congelados, de 6 a 8 onzas, de aproximadamente una pulgada de grosor
- Aceite de oliva

HARISSA
- 1½ cucharadita de semillas de comino
- 1½ cucharadita de semillas de cilantro
- 1 taza de hojas de perejil fresco bien apretadas
- 1 taza de cilantro fresco picado en trozos grandes (hojas y tallos)
- 2 jalapeños, sin semillas y picados (ver se puede decidir)
- 1 cebolla tierna, picada
- 2 dientes de ajo
- 1 cucharadita de ralladura de limón finamente rallada
- 2 cucharadas de jugo de limón fresco
- ⅓ taza de aceite de oliva

SEMILLAS DE GIRASOL PICANTES
- ⅓ taza de semillas de girasol crudas
- 1 cucharadita de aceite de oliva
- 1 cucharadita de condimento ahumado (ver receta)

ENSALADA

12 espárragos grandes, recortados (aproximadamente 1/2 libra)

⅓ taza de vinagreta de cítricos brillante (ver<u>receta</u>)

1. Descongelar el pescado si está congelado; secar con una toalla de papel. Unte ligeramente ambos lados del pescado con aceite de oliva. Lo dejas a un lado, lo ignoras.

2. Para la harissa, tuesta el comino y las semillas de cilantro en una cacerola pequeña a fuego medio-bajo durante 3 a 4 minutos, o hasta que estén ligeramente dorados y fragantes. En un procesador de alimentos, combine el comino tostado y las semillas de cilantro, el perejil, el cilantro, el jalapeño, las chalotas, el ajo, la ralladura de limón, el jugo de limón y el aceite de oliva. Trabajamos sin problemas. Lo dejas a un lado, lo ignoras.

3. Para las semillas de girasol sazonadas, precalienta el horno a 350°F. Forre una bandeja para hornear con papel de hornear; dejar de lado, ignorar. En un tazón pequeño, mezcle las semillas de girasol y 1 cucharadita de aceite de oliva. Espolvoree el condimento ahumado sobre las semillas; tirar un abrigo. Distribuya las semillas de girasol uniformemente sobre el papel de horno. Hornee durante unos 10 minutos o hasta que esté ligeramente dorado.

4. Para una parrilla de carbón o gas, coloque el salmón sobre una rejilla engrasada directamente a fuego medio. Cubra y cocine a la parrilla durante 8 a 12 minutos, o hasta que pueda probar el pescado con un tenedor, volteándolo a la mitad de la cocción.

5. Mientras tanto, utiliza un pelador de verduras para cortar los espárragos en tiras largas y finas para la ensalada.

Transfiera a un tazón o plato mediano. (Las puntas se romperán a medida que los tallos se adelgacen; agréguelos a un tazón o tazón). Espolvoree la vinagreta de cítricos brillante sobre los tallos pelados. Espolvorea con semillas de girasol sazonadas.

6. Cuando esté listo para servir, coloque un filete en cada uno de los cuatro platos; Vierte un poco de harissa verde sobre cada filete. Servir con la ensalada de espárragos picados.

SALMÓN A LA PLANCHA CON ENSALADA DE CORAZONES DE ALCACHOFA MARINADOS

TAREAS ESCOLARES: Tiempo de asado de 20 minutos: Rendimiento de 12 minutos: 4 porciones

SUELE SER LA MEJOR HERRAMIENTA PARA PREPARAR UNA ENSALADA. SON TUS MANOS SI MEZCLAS UNIFORMEMENTE LA LECHUGA TIERNA Y LAS ALCACHOFAS ASADAS EN ESTA ENSALADA, ES MEJOR CON LAS MANOS LIMPIAS.

- 4 filetes de salmón fresco o congelado de 6 onzas
- 1 paquete de 9 onzas de corazones de alcachofa congelados, descongelados y retirados
- 5 cucharadas de aceite de oliva
- 2 cucharadas de chalotas picadas
- 1 cucharada de ralladura de limón finamente rallada
- ¼ de taza de jugo de limón fresco
- 3 cucharadas de orégano fresco picado
- ½ cucharadita de pimienta negra recién molida
- 1 cucharada de condimento mediterráneo (ver receta)
- Paquete de 5 oz de ensalada mixta de verduras para niños

1. Descongelar el pescado si está congelado. Enjuague el pescado; secar con una toalla de papel. Ataca a los peces.

2. En un tazón mediano, mezcle los corazones de alcachofa con 2 cucharadas de aceite de oliva; dejar de lado, ignorar. En un tazón grande, combine 2 cucharadas de aceite de oliva, chalotes, ralladura de limón, jugo de limón y aceite mineral; dejar de lado, ignorar.

3. Para una parrilla de carbón o gas, coloque las semillas de alcachofa en una canasta y cocínelas directamente a fuego medio-alto. Cubra y cocine a la parrilla durante 6 a 8 minutos o hasta que se dore y esté completamente caliente, revolviendo con frecuencia. Retire las alcachofas de la parrilla. Deje enfriar durante 5 minutos, luego agregue las alcachofas a la mezcla de chalotas. Sazone con pimienta; tirar un abrigo. Lo dejas a un lado, lo ignoras.

4. Sazone el salmón con la cucharada restante de aceite de oliva; espolvorear con especias mediterráneas. Coloque el salmón en la parrilla, con el lado sazonado hacia abajo, directamente a fuego medio-alto. Cubra y cocine a la parrilla durante 6 a 8 minutos, o hasta que pueda probar el pescado con un tenedor, volteándolo con cuidado a la mitad de la cocción.

5. Añade la ensalada al bol con las alcachofas en escabeche; revuelva suavemente para cubrir. La ensalada se sirve con salmón a la parrilla.

SALMÓN CON CHILE Y SALVIA COCINADO EN INSTANT POT CON SALSA DE TOMATE VERDE

TAREAS ESCOLARES: 35 minutos de enfriamiento: 2-4 horas de cocción: 10 minutos
Rinde: 4 porciones

"FLASH COOKING" SE REFIERE A LA TÉCNICA COMO CALENTAR UNA SARTÉN SECA EN EL HORNO A FUEGO ALTO, AGREGAR UN CHORRITO DE ACEITE Y EL PESCADO, POLLO O CARNE (¡LISTO!), Y LUEGO TERMINAR LA COMIDA EN EL HORNO. ASAR RÁPIDAMENTE A LA PARRILLA ACORTA LOS TIEMPOS DE COCCIÓN Y LA CORTEZA QUEDARÁ AGRADABLEMENTE CRUJIENTE POR FUERA Y JUGOSA Y JUGOSA POR DENTRO.

SALMÓN

- 4 filetes de salmón fresco o congelado, 5-6 oz
- 3 cucharadas de aceite de oliva
- ¼ de taza de cebolla finamente picada
- 2 dientes de ajo, pelados y picados
- 1 cucharada de cilantro molido
- 1 cucharadita de comino molido
- 2 cucharaditas de pimentón dulce
- 1 cucharadita de orégano seco, picado
- ¼ cucharadita de pimienta de cayena
- ⅓ taza de jugo de limón fresco
- 1 cucharada de salvia fresca picada

SALSA DE TOMATE VERDE

- 1 1/2 tazas de tomates verdes firmes cortados en cubitos
- ⅓ taza de cebolla morada picada
- 2 cucharadas de cilantro fresco cortado en tiras
- 1 jalapeño, sin semillas y picado (verse puede decidir)

1 diente de ajo picado

½ cucharadita de comino molido

¼ cucharadita de chile en polvo

2-3 cucharadas de jugo de limón fresco

1. Descongelar el pescado si está congelado. Enjuague el pescado; secar con una toalla de papel. Ataca a los peces.

2. Para la pasta con chile y salvia, mezcle 1 cucharada de aceite de oliva, cebolla y ajo en una sartén pequeña. Cocine a fuego lento durante 1-2 minutos o hasta que esté fragante. Agrega el cilantro y el comino; cocine y revuelva durante 1 minuto. Agrega el pimentón, el orégano y la pimienta de cayena; cocine y revuelva durante 1 minuto. Agrega el jugo de limón y la salvia; cocine y revuelva durante unos 3 minutos o hasta que se forme una pasta suave; Frío

3. Utilice los dedos para cubrir ambos lados del filete con la pasta de chile y salvia. Coloque el pescado en un recipiente de vidrio o no reactivo; cubrir bien con film transparente. Colocar en el frigorífico durante 2-4 horas.

4. Mientras tanto, mezcle los tomates, la cebolla, el cilantro, el jalapeño, el ajo, el comino y el chile en polvo para la salsa en un tazón mediano. Mezclar bien. Sazone con jugo de limón; tirar un abrigo.

4. Utilice una espátula de goma para raspar la mayor cantidad posible de pasta del salmón. Deseche la pasta.

5. Coloque una sartén grande de hierro fundido en el horno. Precalienta el horno a 500 ° F. Precalienta el horno en una sartén.

6. Retire la sartén caliente del horno. Vierta 1 cucharada de aceite de oliva en la sartén. Incline la sartén para cubrir el fondo de la sartén con aceite. Coloque los filetes en la sartén, con la piel hacia abajo. Unte la parte superior de los filetes con la cucharada restante de aceite de oliva.

7. Ase el salmón durante unos 10 minutos, o hasta que el pescado comience a desmoronarse al probarlo con un tenedor. Servir el pescado con la salsa.

SALMÓN AL HORNO Y ESPÁRRAGOS EN PAPILLOTE CON PESTO DE LIMÓN Y AVELLANAS

TAREAS ESCOLARES:20 minutos de cocción: 17 minutos Rinde: 4 porciones

COCINAR "EN PAPILLOTE" SIGNIFICA SIMPLEMENTE COCINAR SOBRE PAPEL.ES UNA FORMA MARAVILLOSA DE COCINAR POR MUCHAS RAZONES. EL PESCADO Y LAS VERDURAS SE CUECEN AL VAPOR EN EL ENVOLTORIO DE PERGAMINO, SELLANDO EL JUGO, EL SABOR Y LOS NUTRIENTES, Y NO ES NECESARIO LAVAR LOS PLATOS DESPUÉS.

4 filetes de salmón fresco o congelado de 6 onzas
1 taza de hojas de albahaca fresca ligeramente compactadas
1 taza de hojas de perejil fresco ligeramente compactadas
½ taza de avellanas tostadas*
5 cucharadas de aceite de oliva
1 cucharadita de ralladura de limón finamente rallada
2 cucharadas de jugo de limón fresco
1 diente de ajo picado
1 kilo de espárragos finos, cortados
4 cucharadas de vino blanco seco

1. Descongelar el salmón si está congelado. Enjuague el pescado; secar con una toalla de papel. Precalienta el horno a 400°F.

2. Para el pesto, combine la albahaca, el perejil, las avellanas, el aceite de oliva, la ralladura de limón, el jugo de limón y el ajo en una licuadora o procesador de alimentos. Cubra y licue o procese hasta que quede suave; dejar de lado, ignorar.

3. Corte cuatro cuadrados de 12 pulgadas de papel pergamino. Para cada paquete, coloque un filete de salmón en el centro de un cuadrado de papel de horno. Coloque encima una cuarta parte de los espárragos y 2-3 cucharadas de pesto; mojar con 1 cucharada de vino. Toma dos lados opuestos del papel de horno y dóblalo varias veces sobre el pescado. Dobla los bordes del pergamino para sellar. Repita para hacer tres lotes más.

4. Ase durante 17 a 19 minutos o hasta que el pescado comience a desmoronarse al probarlo con un tenedor (abra el paquete con cuidado para comprobarlo).

*Tip: Para tostar las avellanas, precalienta el horno a 180°C. Distribuya las nueces en una sola capa en una fuente poco profunda. Cocine de 8 a 10 minutos o hasta que esté ligeramente dorado, revolviendo una vez para que se dore uniformemente. Deja que las nueces se enfríen un poco. Coloque el coco caliente sobre un paño de cocina limpio; Frote con una toalla para quitar la piel suelta.

SALMÓN ESPECIADO CON CHAMPIÑONES Y SALSA DE MANZANA

DE PRINCIPIO A FIN: 40 minutos de preparación: 4 porciones

ES EL FILETE DE SALMÓN ENTEROSERVIDO CON CHAMPIÑONES SALTEADOS, CEBOLLETAS, RODAJAS DE MANZANA DE PIEL ROJA Y UNA CAMA DE ESPINACAS DE COLOR VERDE BRILLANTE, ES UNA COMIDA IMPRESIONANTE PARA LOS INVITADOS.

1 ½ libras de filetes de salmón enteros, frescos o congelados, con piel
1 cucharadita de semillas de hinojo finamente picadas*
½ cucharadita de salvia seca, picada
½ cucharadita de cilantro molido
¼ cucharadita de mostaza seca
¼ cucharadita de pimienta negra
2 cucharadas de aceite de oliva
1 1/2 tazas de champiñones cremini frescos, cortados en cuartos
1 chalota mediana, en rodajas muy finas
1 manzana pequeña para cocinar, cortada en cuartos, sin corazón y en rodajas finas
¼ vaso de vino blanco seco
4 tazas de espinacas frescas
Una ramita de salvia fresca (opcional)

1. Descongelar el salmón si está congelado. Precaliente el horno a 425 ° F. Cubra una bandeja para hornear grande con papel pergamino; dejar de lado, ignorar. Enjuague el pescado; secar con una toalla de papel. Coloque el salmón con la piel hacia abajo en una bandeja para hornear preparada. En un tazón pequeño, combine las semillas de hinojo, ½ cucharadita de salvia seca, cilantro, mostaza y pimienta. Espolvorea uniformemente sobre el salmón; Frote con los dedos.

2. Mida el grosor del pescado. Ase el salmón de 4 a 6 minutos hasta que tenga un grosor de 1/2 pulgada o hasta que el pescado se desmenuce al probarlo con un tenedor.

3. Mientras tanto, para la salsa, caliente el aceite de oliva en una sartén grande a fuego medio. Agrega los champiñones y las chalotas; Cocine de 6 a 8 minutos o hasta que los champiñones estén tiernos y empiecen a dorarse, revolviendo ocasionalmente. Agrega las manzanas; cocine tapado y revuelva por otros 4 minutos. Agrega con cuidado el vino. Cocine sin tapar de 2 a 3 minutos o hasta que las rodajas de manzana estén suaves. Con una espumadera, transfiera la mezcla de champiñones a un tazón mediano; cúbralo para mantenerse caliente.

4. En la misma sartén, cocina las espinacas, revolviendo constantemente, durante un minuto o hasta que las espinacas se ablanden. Divida las espinacas en cuatro platos para servir. Cortar el filete de salmón en cuatro partes iguales, cortar, pero sin atravesar la piel. Con una espátula ancha, retire los trozos de salmón de la piel; Coloque una rodaja de salmón sobre las espinacas en cada plato. Vierta la mezcla de champiñones uniformemente sobre el salmón. Adorne con salvia fresca si lo desea.

* Consejo: triturar las semillas de hinojo con un mortero.

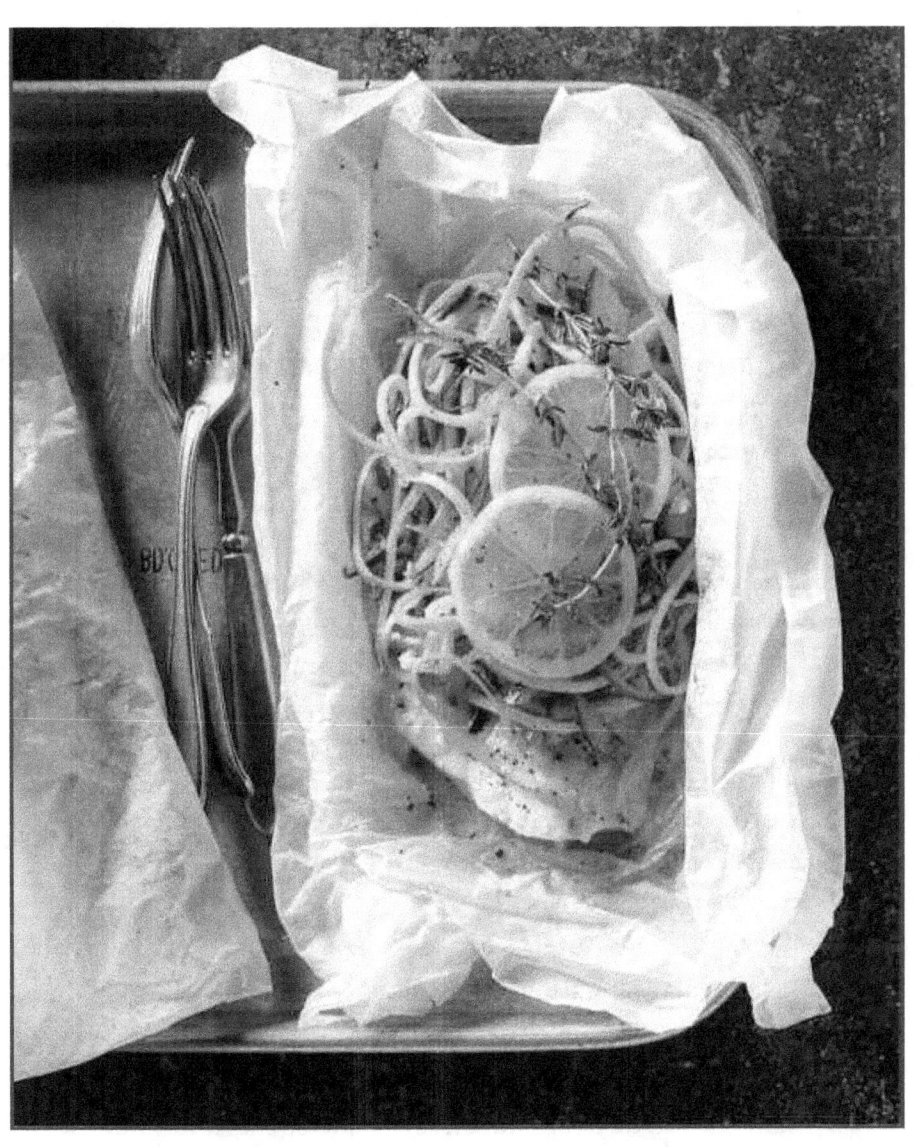

LENGUADO EN PAPILLOTE CON VERDURAS EN JULIANA

TAREAS ESCOLARES: 30 minutos de cocción: 12 minutos Rinde: 4 porciones FOTO

DEFINITIVAMENTE PUEDES CORTAR LAS VERDURAS EN JULIANA. CON UN BUEN CUCHILLO DE CHEF AFILADO, PERO LLEVA MUCHO TIEMPO. PELAR EN JULIANA (VER "EQUIPO") PODRÁS HACER RÁPIDAMENTE TIRAS DE VERDURAS LARGAS, FINAS Y UNIFORMES.

- 4 filetes de lenguado, solla o pescado blanco duro, fresco o congelado
- 1 calabacín cortado en juliana
- 1 zanahoria grande, en rodajas
- ½ cebolla morada, cortada en juliana
- 2 tomates roma, sin semillas y picados
- 2 dientes de ajo picados
- 1 cucharada de aceite de oliva
- ½ cucharadita de pimienta negra
- 1 limón cortado en 8 rodajas finas, sin corazón
- 8 ramitas de tomillo fresco
- 4 cucharaditas de aceite de oliva
- ¼ vaso de vino blanco seco

1. Descongelar el pescado si está congelado. Precaliente el horno a 375 ° F. En un tazón grande, combine el calabacín, la zanahoria, la cebolla, el tomate y el ajo. Agrega 1 cucharada de aceite de oliva y ¼ de cucharadita de pimienta; mezclar bien. Arregla las verduras.

2. Corte cuatro cuadrados de 14 pulgadas de papel pergamino. Enjuague el pescado; secar con una toalla de papel. Coloca un filete en el centro de cada cuadrado. Espolvorea con la cucharadita restante de pimienta. Distribuya

uniformemente las verduras, los aros de limón y las ramitas de tomillo sobre los filetes. Rocíe cada pila con 1 cucharadita de aceite de oliva y 1 cucharada de vino blanco.

3. Trabajando con un paquete a la vez, levante dos lados opuestos del papel pergamino y dóblelo sobre el pescado varias veces. Dobla los bordes del pergamino para sellar.

4. Coloque los paquetes en una bandeja para hornear grande. Cocine durante unos 12 minutos, o hasta que el pescado comience a desmoronarse al probarlo con un tenedor (abra el paquete con cuidado para comprobar que no lo haga).

5. Para servir, coloque cada paquete en un plato; Abra los paquetes con cuidado.

TACOS DE PESTO DE RÚCULA CON CREMA DE LIMA AHUMADA

TAREAS ESCOLARES: Asado a la parrilla de 30 minutos: 4 a 6 minutos por cada ½ pulgada de espesor Rendimiento: 6 porciones

LA SUELA PUEDE REEMPLAZAR EL CÓDIGO. "NO ES TILAPIA". DESAFORTUNADAMENTE, LA TILAPIA ES UNA DE LAS PEORES OPCIONES DE PESCADO. SE CULTIVAN CASI UNIVERSALMENTE Y A MENUDO SE ENCUENTRAN EN CONDICIONES HORRIBLES, POR LO QUE, SI BIEN LA TILAPIA SE PUEDE ENCONTRAR EN CASI TODAS PARTES, SE DEBE EVITAR.

4 filetes de lenguado frescos o congelados de 4 a 5 onzas, de aproximadamente ½ pulgada de grosor

1 receta de pesto de rúcula (ver receta)

½ taza de crema de anacardos (ver receta)

1 cucharadita de condimento ahumado (ver receta)

½ cucharadita de ralladura de lima finamente rallada

12 hojas de lechuga mantecosa

1 aguacate maduro cortado por la mitad, sin hueso, pelado y en rodajas finas

1 taza de tomates picados

¼ de taza de cilantro fresco picado

1 lima, cortada en gajos

1. Descongelar el pescado si está congelado. Enjuague el pescado; secar con una toalla de papel. Ataca a los peces.

2. Frote un poco de pesto de rúcula por ambos lados del pescado.

3. Para una parrilla de carbón o gas, coloque el pescado en una parrilla engrasada directamente a fuego medio. Cubra y cocine a la parrilla durante 4 a 6 minutos, o hasta que

pueda probar el pescado con un tenedor, volteándolo a la mitad de la cocción.

4. Mientras tanto, mezcle la crema de anacardo, las especias ahumadas y la ralladura de lima en un tazón pequeño para la crema de lima ahumada.

5. Desmenuzar el pescado con un tenedor. Rellena las láminas de mantequilla con pescado, rodajas de aguacate y tomates; espolvorear con cilantro. Espolvorea los tacos con la crema de lima ahumada. Sirva con rodajas de lima para exprimir sobre los tacos.

WRAP DE BACALAO Y CALABACÍN A LA PLANCHA CON SALSA PICANTE DE MANGO Y ALBAHACA

TAREAS ESCOLARES: Tiempo de asado de 20 minutos: Rendimiento de 6 minutos: 4 porciones

Bacalao fresco o congelado de 1 a 1,5 libras, de ½ a 1 pulgada de espesor
4 piezas de hoja de 24 pulgadas de largo y 12 pulgadas de ancho
1 calabacín mediano, en rodajas
Especias de limoncillo (ver receta)
¼ de taza de Chipotle Paleo Mayo (ver receta)
1-2 cucharadas de puré de mango maduro*
1 cucharada de jugo de limón o lima fresco o vinagre de vino de arroz
2 cucharadas de albahaca fresca picada

1. Descongelar el pescado si está congelado. Enjuague el pescado; secar con una toalla de papel. Cortar el pescado en cuatro partes.

2. Dobla cada hoja de papel de aluminio por la mitad para crear un cuadrado de 30 cm de doble grosor. Coloca parte del pescado en un trozo de papel de aluminio de medio cuadrado. Coloca encima una cuarta parte del calabacín. Espolvorea con ralladura de limón. Retire los dos lados opuestos del papel de aluminio y dóblelo varias veces sobre los calabacines y el pescado. Dobla los bordes del papel de aluminio. Repita para hacer tres lotes más. Para la salsa, combine el Chipotle Paleo Mayo, el mango, el jugo de lima y la albahaca en un tazón pequeño; dejar de lado, ignorar.

3. Para una parrilla de carbón o gas, coloque los paquetes directamente sobre una parrilla engrasada a fuego medio.

Cubra y ase durante 6 a 9 minutos, o hasta que el pescado se desmenuce al probarlo con un tenedor y el calabacín esté tierno y crujiente (abra con cuidado el paquete para probar). No voltee los paquetes al asar. Unte la salsa sobre cada porción.

*Consejos: Para puré de mango, combine ¼ de taza de mango picado y 1 cucharada de agua en una licuadora. Cubra y mezcle hasta que quede suave. Agrega los restos de mango licuados al batido.

BACALAO COCIDO AL RIESLING CON TOMATES RELLENOS DE PESTO

TAREAS ESCOLARES:30 minutos de cocción: 10 minutos rendimiento: 4 porciones

1 a 1,5 libras de filetes de bacalao frescos o congelados, de aproximadamente 1 pulgada de grosor

4 tomates roma

3 cucharadas de pesto de albahaca (ver receta)

¼ cucharadita de pimienta negra molida

1 taza de Riesling seco o Sauvignon Blanc

1 ramita de tomillo fresco o ½ cucharadita de tomillo seco, picado

1 hoja de laurel

½ vaso de agua

2 cucharadas de cebollino picado

rodaja de limon

1. Descongelar el pescado si está congelado. Corta los tomates por la mitad horizontalmente. Quitar las semillas y parte de la pulpa. (Si necesita congelar los tomates, córtelos en rodajas muy finas comenzando desde el final, asegurándose de que no queden agujeros en la parte inferior de los tomates). Coloque un poco de pesto en cada mitad de los tomates; espolvorea con pimienta molida; dejar de lado, ignorar.

2. Enjuagar el pescado; secar con una toalla de papel. Cortar el pescado en cuatro partes. Coloque una canasta vaporera en una cacerola grande con tapa hermética. Agregue aproximadamente ½ pulgada de agua a la sartén. Déjalo hervir; reduzca el fuego a medio. Coloque los tomates con el lado cortado hacia arriba en la canasta. Tape y cocine a fuego lento de 2 a 3 minutos o hasta que esté completamente caliente.

3. Coloca los tomates en un plato; cúbralo para mantenerse caliente. Retire la canasta vaporera de la sartén; desechar el agua. Agrega el vino, el tomillo, las hojas de laurel y ½ taza de agua a la sartén. Déjalo hervir; Reducir la temperatura a media baja. Añade el pescado y las cebolletas. Cocine a fuego lento, tapado, durante 8 a 10 minutos o hasta que el pescado se desmenuce al probarlo con un tenedor.

4. Unte el pescado con el líquido para escalfar. El pescado se sirve con tomates rellenos de pesto y rodajas de limón.

BACALAO A LA PLANCHA CON COSTRA DE PISTACHOS Y CILANTRO SOBRE PURÉ DE BONIATO

TAREAS ESCOLARES:20 minutos de cocción: 10 minutos a la parrilla: 4-6 minutos por cada ½ pulgada de espesor Rendimiento: 4 porciones

- 1 a 1,5 libras de bacalao fresco o congelado
- Aceite de oliva refinado o aceite de coco
- 2 cucharadas de pistachos, nueces o almendras molidas
- 1 clara de huevo
- ½ cucharadita de ralladura de limón finamente rallada
- 1 1/2 libras de batatas, peladas y cortadas en cubos
- 2 dientes de ajo
- 1 cucharada de aceite de coco
- 1 cucharada de jengibre fresco rallado
- ½ cucharadita de comino molido
- ¼ de taza de leche de coco (como la de Nature's Way)
- 4 cucharaditas de pesto de cilantro o pesto de albahaca (ver recetas)

1. Descongelar el pescado si está congelado. Precalienta la parrilla. Parrilla de aceite para asar. En un tazón pequeño, combine las nueces picadas, las claras de huevo y la ralladura de limón; dejar de lado, ignorar.

2. Para el puré de camote, cocina los camotes y el ajo en una cacerola mediana en suficiente agua hirviendo para cubrirlos durante 10 a 15 minutos o hasta que estén tiernos. Para desplazarse hacia abajo; Regrese la batata y el ajo a la sartén. Triture las batatas con un machacador de patatas. Agrega 1 cucharada de aceite de coco, jengibre y comino. Mezclar con leche de coco hasta que esté suave y esponjoso.

3. Enjuagar el pescado; secar con una toalla de papel. Cortar el pescado en cuatro partes y colocarlo sobre la parrilla sin calentar. Colóquelo debajo de los bordes delgados. Unte cada pieza con el pesto de cilantro. Vierte la mezcla de nueces sobre el pesto y extiende con cuidado. Ase el pescado a fuego medio durante 4 a 6 minutos por cada 1/2 pulgada de espesor, o hasta que el pescado se desmenuce al probarlo con un tenedor. Si la capa comienza a quemarse, cúbralo con papel de aluminio mientras asa. El pescado se sirve con batatas.

BACALAO AL ROMERO Y MANDARINA CON BRÓCOLI ASADO

TAREAS ESCOLARES:15 minutos Marinar: hasta 30 minutos Cocción: 12 minutos
Preparación: 4 porciones

1 a 1,5 libras de bacalao fresco o congelado

1 cucharadita de piel de mandarina finamente rallada

½ taza de jugo fresco de mandarina o naranja

4 cucharadas de aceite de oliva

2 cucharaditas de romero fresco cortado en tiras

¼-½ cucharadita de pimienta negra molida

1 cucharadita de piel de mandarina finamente rallada

3 tazas de floretes de brócoli

¼ cucharadita de pimiento rojo triturado

Rodajas de mandarina, sin hueso

1. Precaliente el horno a 450°F. Descongele el pescado si está congelado. Enjuague el pescado; secar con una toalla de papel. Cortar el pescado en cuatro partes. Mide el grosor del pescado. En un tazón poco profundo, combine la ralladura de mandarina, el jugo de mandarina, 2 cucharadas de aceite de oliva, el romero y la pimienta negra; agrega el pescado. Cubra y deje marinar en el refrigerador por hasta 30 minutos.

2. En un tazón grande, mezcle el brócoli con las 2 cucharadas restantes de aceite de oliva y el pimiento rojo picado. Colóquelo en una fuente para hornear de 2 cuartos.

3. Engrase ligeramente una sartén poco profunda con más aceite de oliva. Escurre el pescado y reserva la marinada. Coloque el pescado en la sartén, metiéndolo por debajo de los bordes finos. Coloca el pescado y el brócoli en el horno.

Cocine el brócoli durante 12 a 15 minutos, o hasta que esté crujiente, revolviendo a mitad de la cocción. Cocine el pescado de 4 a 6 minutos hasta que tenga un grosor de 1/2 pulgada o hasta que se desmenuce al probarlo con un tenedor.

4. Hierva la marinada reservada en una sartén pequeña; cocine por 2 minutos. Espolvorea el pescado cocido con la marinada. El pescado se sirve con brócoli y rodajas de mandarina.

ROLLITOS DE ENSALADA DE BACALAO CON RÁBANOS EN ESCABECHE

TAREAS ESCOLARES:20 minutos de reposo: 20 minutos de cocción: 6 minutos rendimiento: 4 porcionesFOTO

1 libra de filetes de bacalao fresco o congelado

6 rábanos rallados gruesos

6-7 cucharadas de vinagre de manzana

½ cucharadita de chile picado

2 cucharadas de aceite de coco sin refinar

¼ taza de mantequilla de almendras

1 diente de ajo picado

2 cucharaditas de jengibre finamente rallado

2 cucharadas de aceite de oliva

1½-2 cucharaditas de curry sin sal

4-8 hojas de lechuga mantecosa o hojas de ensalada

1 pimiento rojo, finamente picado

2 cucharadas de cilantro fresco cortado en tiras

1. Descongelar el pescado si está congelado. En un tazón mediano, combine los rábanos, 4 cucharadas de vinagre y ¼ de cucharadita de pimiento rojo triturado; Dejar reposar durante 20 minutos, revolviendo de vez en cuando.

2. Para la salsa de mantequilla de almendras, derrita el aceite de coco en una cacerola pequeña a fuego lento. Agrega la mantequilla de almendras hasta que quede suave. Agregue el ajo, el jengibre y el ¼ de cucharadita restante de pimiento rojo triturado. Alejar del calor. Agrega las 2 a 3 cucharadas restantes de vinagre de sidra de manzana, mezcla hasta que quede suave; dejar de lado, ignorar. (La salsa se espesará un poco si le agregas vinagre).

3. Enjuagar el pescado; secar con una toalla de papel. Calienta el aceite de oliva y el curry en polvo en una sartén grande a fuego medio. Agrega el pescado; cocina de 3 a 6 minutos o hasta que puedas probar el pescado con un tenedor, volteándolo a la mitad de la cocción. Cortar el pescado en trozos grandes con dos tenedores.

4. Escurrir el rábano; deseche la marinada. Vierta un poco de pescado, tiras de pimiento dulce, la mezcla de rábano picante y salsa de mantequilla de almendras sobre cada hoja de lechuga. Espolvorea con cilantro. Envuelva film transparente alrededor del relleno. Si es necesario, asegure la tapa con dientes de madera.

LIMÓN MANCHADO E HINOJO AL HORNO

TAREAS ESCOLARES:25 minutos de asado: 50 minutos de rendimiento: 4 porciones

LO TIENEN EGLEFINO, ABADEJO Y BACALAO.CARNE BLANCA FIRME Y DE SABOR DELICADO. SON INTERCAMBIABLES EN LA MAYORÍA DE LAS RECETAS, INCLUIDO ESTE PLATO DE PESCADO Y VERDURAS FÁCIL DE COCINAR CON HIERBAS Y VINO.

- 4 filetes de eglefino, eglefino o bacalao frescos o congelados de 6 onzas, de aproximadamente ½ pulgada de grosor
- 1 bulbo de hinojo grande, sin semillas y picado, las hojas reservadas y picadas
- 4 zanahorias medianas, partidas por la mitad verticalmente y cortadas en trozos de 2 a 3 pulgadas
- 1 cebolla morada partida por la mitad y picada
- 2 dientes de ajo picados
- 1 limón en rodajas finas
- 3 cucharadas de aceite de oliva
- ½ cucharadita de pimienta negra
- ¾ vaso de vino blanco seco
- 2 cucharadas de perejil fresco finamente picado
- 2 cucharadas de hojas de hinojo frescas picadas
- 2 cucharaditas de ralladura de limón finamente rallada

1. Descongelar el pescado si está congelado. Precaliente el horno a 400 ° F. Mezcle el hinojo, las zanahorias, la cebolla, el ajo y las rodajas de limón en una fuente para hornear rectangular de 3 cuartos. Rocíe con 2 cucharadas de aceite de oliva y espolvoree con ¼ de cucharadita de pimienta; tirar un abrigo. Vierta el vino en un plato. Cubre la olla con papel de aluminio.

2. Ase durante 20 minutos. Hacer las paces; Incorpora la mezcla de verduras. Ase durante 15 a 20 minutos más o hasta que las verduras estén suaves y crujientes. Agrega la mezcla de verduras. Espolvorea el pescado con ¼ de cucharadita de pimienta restante; Coloca el pescado encima de la mezcla de verduras. Rocíe con la cucharada restante de aceite de oliva. Ase durante 8 a 10 minutos o hasta que el pescado esté tierno.

3. Mezcle el perejil, el hinojo y la ralladura de limón en un tazón pequeño. Al servir, divida la mezcla de pescado y verduras en platos para servir. Vierta el jugo de la sartén sobre el pescado y las verduras. Espolvorea con la mezcla de perejil.

PARGO ROJO CON COSTRA DE NUECES CON REMOULADE, OKRA CAJÚN Y TOMATE

TAREAS ESCOLARES:1 hora de cocción: 10 minutos de cocción: 8 minutos Rinde: 4 porciones

ESTE PLATO DE PESCADO ES APTO PARA EMPRESA.SE NECESITA UN POCO DE TIEMPO PARA PREPARARLO, PERO LOS RICOS SABORES VALEN LA PENA. REMOULADE, UNA SALSA A BASE DE MAYONESA CON MOSTAZA, LIMÓN Y CONDIMENTO CAJÚN Y HECHA CON PIMIENTO ROJO PICADO, CEBOLLETAS Y PEREJIL, SE PUEDE PREPARAR CON UN DÍA DE ANTICIPACIÓN Y GUARDAR EN EL REFRIGERADOR.

- 4 cucharadas de aceite de oliva
- ½ taza de nueces pecanas finamente picadas
- 2 cucharadas de perejil fresco picado
- 1 cucharada de tomillo fresco picado
- 2 filetes de pargo rojo de 8 onzas, de ½ pulgada de grosor
- 4 cucharaditas de mezcla de condimentos cajún (ver receta)
- ½ taza de cebolla picada
- ½ taza de pimiento verde picado
- ½ taza de apio cortado en cubitos
- 1 cucharada de ajo picado
- 1 libra de vainas de okra frescas, cortadas en rodajas de 1 pulgada de grosor (o espárragos frescos, cortados en trozos de 1 pulgada)
- 8 onzas de tomates cherry o cherry, cortados por la mitad
- 2 cucharaditas de tomillo fresco picado
- pimienta negra
- Rémoulade (ver receta, derecha)

1. Calienta 1 cucharada de aceite de oliva en una sartén mediana a fuego medio. Agregue las nueces y tueste durante unos 5 minutos, o hasta que estén doradas y fragantes, revolviendo con frecuencia. Transfiera las nueces a un tazón pequeño y déjelas enfriar. Agrega el perejil y el tomillo y reserva.

2. Precaliente el horno a 400°F. Forra una bandeja para hornear con papel de hornear o papel de aluminio. Coloque los filetes de pargo en la bandeja para hornear, con la piel hacia abajo y espolvoree cada uno con una cucharadita de condimento cajún. Unte los filetes con 2 cucharadas de aceite de oliva con una brocha de repostería. Distribuya la mezcla de nueces uniformemente entre los filetes, presionando suavemente las nueces contra la superficie del pescado para que se peguen. Si es posible, cubra todas las zonas libres del filete de pescado con nueces. Cocine el pescado de 8 a 10 minutos o hasta que se desmenuce fácilmente con la punta de un cuchillo.

3. Calienta la cucharada restante de aceite de oliva en una sartén grande a fuego medio-alto. Agrega la cebolla, el pimiento morrón, el apio y el ajo. Cocine y revuelva durante 5 minutos o hasta que las verduras estén tiernas y crujientes. Agregue la okra picada (o espárragos, si los usa) y los tomates; cocine de 5 a 7 minutos, o hasta que la okra esté crujiente y tierna y los tomates apenas comiencen a separarse. Retirar del fuego y sazonar con tomillo y pimienta negra al gusto. Servir las verduras con pargo y remoulade.

Remoulade: En un procesador de alimentos, mezcle ½ taza de pimiento rojo picado, ¼ de taza de chalotas picadas y 2 cucharadas de perejil fresco picado. Agregue ¼ de taza de Paleo Mayo (ver<u>receta</u>), ¼ de taza de mostaza Dijon (ver<u>receta</u>), 1½ cucharaditas de jugo de limón y ¼ de cucharadita de condimento cajún (ver<u>receta</u>). Pulse hasta que se combinen. Transfiera a un tazón y refrigere hasta que esté listo para servir. (La remoulade se puede preparar con un día de anticipación y guardar en el refrigerador).

EMPANADAS DE ATÚN AL ESTRAGÓN CON AGUACATE Y ALIOLI DE LIMÓN

TAREAS ESCOLARES:25 minutos de cocción: 6 minutos Rinde: 4 porciones<u>FOTO</u>

JUNTO AL SALMÓN, EL ATÚN ES UNO DE ELLOSUNO DE LOS RAROS TIPOS DE PESCADO QUE SE PUEDEN CORTAR EN RODAJAS FINAS Y CONVERTIR EN ALBÓNDIGAS. TENGA CUIDADO DE NO PROCESAR DEMASIADO EL ATÚN EN EL PROCESADOR DE ALIMENTOS; EL PROCESAMIENTO EXCESIVO LO ENDURECE.

Filete de atún sin piel, fresco o congelado, 1 kg.

1 clara de huevo, ligeramente batida

¾ taza de harina de linaza dorada molida

1 cucharada de estragón o eneldo fresco picado

2 cucharadas de cebollino fresco picado

1 cucharadita de ralladura de limón finamente rallada

2 cucharadas de aceite de linaza, aceite de aguacate o aceite de oliva

1 aguacate mediano, sin hueso

3 cucharadas de Paleo Mayo (ver<u>receta</u>)

1 cucharadita de ralladura de limón finamente rallada

2 cucharaditas de jugo de limón fresco

1 diente de ajo picado

4 onzas de espinacas tiernas (aproximadamente 4 tazas bien empaquetadas)

⅓ taza de vinagreta de ajo asado (ver<u>receta</u>)

1 manzana Granny Smith, sin corazón y picada

¼ de taza de nueces tostadas picadas (ver<u>se puede decidir</u>)

1. Descongelar el pescado si está congelado. Enjuague el pescado; secar con una toalla de papel. Corta el pescado en rodajas de 1,5 pulgadas. Coloca el pescado en un procesador de alimentos; picar finamente con pulso

on/off. (Tenga cuidado de no trabajar demasiado o endurecerá la hamburguesa). Agregue el pescado.

2. En un tazón mediano, mezcle las claras de huevo, ¼ de taza de harina de linaza, el estragón, el cebollino y la ralladura de limón. Agrega el pescado; mezclar suavemente. Forme cuatro hamburguesas de ½ pulgada de grosor con la mezcla de pescado.

3. Coloque la ½ taza de harina de lino restante en un plato poco profundo. Sumerge las albóndigas en la mezcla de linaza y luego voltéalas para cubrirlas uniformemente.

4. Calienta el aceite en una sartén muy grande a fuego medio. Fríe las hamburguesas de atún en aceite caliente durante 6 a 8 minutos, o hasta que un termómetro de lectura instantánea insertado horizontalmente en las hamburguesas marque 160 °F y gire una vez a la mitad del tiempo de cocción.

5. Mientras tanto, triture el aguacate con un tenedor en un tazón mediano para el alioli. Agregue Paleo Mayo, ralladura de limón, jugo de limón y ajo. Mezcle hasta que esté bien combinado y casi suave.

6. Coloca las espinacas en un tazón mediano. Mezcle las espinacas con la vinagreta de ajo asado; tirar un abrigo. Para cada porción, coloque una tarta de atún y una cuarta parte de las espinacas en un plato para servir. Adorna el atún con un poco de alioli. Sirve las espinacas con manzanas y nueces. Servir inmediatamente.

TAGINE DE LUBINA RAYADA

TAREAS ESCOLARES:50 minutos de enfriamiento: 1-2 horas de cocción: 22 minutos de horneado: 25 minutos Rendimiento: 4 porciones

SU NOMBRE ES TAGINEUN TIPO DE COMIDA NORTEAFRICANA (UN GUISO) Y UN RECIPIENTE EN FORMA DE CONO EN EL QUE SE COCINA. SI NO TIENES, TAMBIÉN PUEDES UTILIZAR UNA BANDEJA PARA HORNO FORRADA. LA CHERMOULA ES UNA PASTA VEGETAL ESPESA DEL NORTE DE ÁFRICA QUE SE UTILIZA A MENUDO COMO ADOBO PARA PESCADO. SIRVE ESTE COLORIDO PLATO DE PESCADO CON PURÉ DE CAMOTE O COLIFLOR.

4 filetes de fletán o lubina frescos o congelados de 6 onzas, con piel

1 manojo de cilantro picado

1 cucharadita de ralladura de limón finamente rallada (reservar)

¼ de taza de jugo de limón fresco

4 cucharadas de aceite de oliva

5 dientes de ajo, picados

4 cucharaditas de comino molido

2 cucharaditas de pimentón dulce

1 cucharadita de cilantro molido

¼ cucharadita de edulcorante molido

1 cebolla grande, pelada, cortada por la mitad y en rodajas finas

1 15 onzas de tomates asados al fuego cortados en cubitos, sin sal y sin escurrir

½ taza de caldo de huesos de pollo (ver receta) o caldo de pollo sin sal

Pimiento amarillo grande, sin semillas y cortado en tiras de ½ pulgada

Pimiento naranja grande, sin semillas y cortado en tiras de 1/2 pulgada

1. Descongelar el pescado si está congelado. Enjuague el pescado; secar con una toalla de papel. Coloque los filetes de pescado en una sartén no metálica poco profunda. Ataca a los peces.

2. Para la chermoula, combine cilantro, jugo de limón, 2 cucharadas de aceite de oliva, 4 dientes de ajo picados, comino, pimentón, cilantro y anís en una licuadora pequeña o en un procesador de alimentos. Cubra y procese hasta que quede suave.

3. Coloque la mitad de la chermoula encima del pescado, volteándola para cubrir ambos lados. Cubra y refrigere durante 1-2 horas. Cubrir con la chermoula restante; déjelo reposar a temperatura ambiente hasta que esté listo para usar.

4. Precaliente el horno a 325°F. En una sartén grande resistente al horno, caliente las 2 cucharadas de aceite restantes a fuego medio-alto. Agrega la cebolla; cocine y revuelva de 4 a 5 minutos o hasta que estén tiernos. Agrega el diente de ajo picado restante; cocine y revuelva durante 1 minuto. Agrega la chermoula reservada, los tomates, el caldo de pollo, las tiras de pimiento dulce y la ralladura de limón. Déjalo hervir; reduce el calor. Cocine a fuego lento durante 15 minutos. Si es necesario, transfiera la mezcla a un tajín; añade el pescado y la chermoula sobrante de la olla. Caparazón; Cocine por 25 minutos. Servir inmediatamente.

BULLABESA DE MARISCOS

DE PRINCIPIO A FIN: 1 ¾ HORAS RINDE: 4 PORCIONES

AL IGUAL QUE EL CIOPPINO ITALIANO, ESTE ES EL GUISO DE PESCADO FRANCÉS. DE PESCADO Y MARISCO PARECE REPRESENTAR UNA MUESTRA DE LA PESCA DEL DÍA COCINADA EN UNA OLLA CON AJO, CEBOLLA, TOMATE Y VINO. SIN EMBARGO, EL SABOR DISTINTIVO DE LA BULLABESA ES UNA COMBINACIÓN DE AZAFRÁN, HINOJO Y PIEL DE NARANJA.

- 1 libra de filetes de fletán sin piel, frescos o congelados, cortados en trozos de 1 pulgada
- 4 cucharadas de aceite de oliva
- 2 tazas de cebolla picada
- 4 dientes de ajo machacados
- 1 cabeza de hinojo, sin semillas y picada
- 6 tomates roma, picados
- ¾ taza de caldo de huesos de pollo (ver receta) o caldo de pollo sin sal
- ¼ vaso de vino blanco seco
- 1 taza de cebolla picada
- 1 cabeza de hinojo, sin semillas y picada
- 6 dientes de ajo, picados
- 1 naranja
- 3 tomates roma, picados
- 4 hebras de azafrán
- 1 cucharada de orégano fresco picado
- 1 libra de almejas, lavadas y enjuagadas
- 1 libra de almejas, recortadas, lavadas y enjuagadas (ver se puede decidir)
- orégano fresco picado (opcional)

1. Descongele el fletán si está congelado. Enjuague el pescado; secar con una toalla de papel. Ataca a los peces.

2. En una sartén de 6 a 8 cuartos, caliente 2 cucharadas de aceite de oliva a fuego medio. Agrega 2 tazas de cebolla picada, 1 cabeza de hinojo picada y 4 dientes de ajo machacados. Cocine de 7 a 9 minutos o hasta que la cebolla esté suave, revolviendo ocasionalmente. Agrega 6 tomates picados y 1 cabeza de hinojo picado; cocine por otros 4 minutos. Agrega el caldo de huesos de pollo y el vino blanco a la olla; Hervir durante 5 minutos; enfriarlo un poco. Transfiera la mezcla de verduras a una licuadora o procesador de alimentos. Cubra y licue o procese hasta que quede suave; dejar de lado, ignorar.

3. En la misma olla, caliente la cucharada restante de aceite de oliva a fuego medio. Agrega 1 taza de cebolla picada, 1 hinojo finamente picado y 6 dientes de ajo picados. Cocine a fuego medio durante 5-7 minutos o hasta que esté casi cocido, revolviendo con frecuencia.

4. Retire la piel de naranja en tiras grandes con un pelapatatas; dejar de lado, ignorar. Agregue el puré de verduras, 3 tomates picados, el azafrán, el orégano y las tiras de cáscara de naranja a la olla. Déjalo hervir; reduzca el fuego para continuar cocinando a fuego lento. Agrega las almejas, los mejillones y el pescado; revuelve lentamente para cubrir el pescado con la salsa. Ajuste el fuego según sea necesario para mantener la cocción a fuego lento. Tape y cocine a fuego lento durante 3-5 minutos hasta que las almejas y los mejillones se abran y el pescado se desmenuce al probarlo con un tenedor. Sirva en tazones poco profundos. Espolvorea con orégano adicional si lo deseas.

CEVICHE CLÁSICO DE CAMARONES

TAREAS ESCOLARES:20 minutos de cocción: 2 minutos de enfriamiento: 1 hora de reposo: 30 minutos Rinde: 3-4 porciones

ESTE PLATO LATINOAMERICANO ES MARAVILLOSO.SABORES Y TEXTURAS. PEPINO Y APIO CRUJIENTES, AGUACATE CREMOSO, JALAPEÑO PICANTE Y DELICIOSOS CAMARONES DULCES SE MEZCLAN CON JUGO DE LIMÓN Y ACEITE DE OLIVA. EN EL CEVICHE TRADICIONAL, EL ÁCIDO DEL JUGO DE LIMÓN "COCINA" LOS CAMARONES, PERO UN BAÑO RÁPIDO EN AGUA HIRVIENDO NO DEJA NADA QUE DESEAR Y NO DAÑA EL SABOR NI LA TEXTURA DE LOS CAMARONES.

1 libra de camarones medianos frescos o congelados, pelados y desvenados, sin colas
½ pepino, pelado, sin corazón y cortado en cubitos
1 taza de apio picado
½ cebolla morada pequeña, finamente picada
1-2 jalapeños, sin semillas y picados (ver se puede decidir)
½ taza de jugo de limón fresco
2 tomates roma, picados
1 aguacate cortado por la mitad, sin hueso, pelado y cortado en cubos
¼ de taza de cilantro fresco picado
3 cucharadas de aceite de oliva
½ cucharadita de pimienta negra

1. **Descongele los camarones si están congelados. Gambas con concha y dein; quitar las colas. Enjuague los camarones; secar con una toalla de papel.**

2. **Llene una olla grande hasta la mitad con agua. Déjalo hervir. Agrega los camarones al agua hirviendo. Cocine sin tapar de 1 a 2 minutos o hasta que los camarones estén opacos;**

desplácese hacia abajo. Coloca las gambas en agua fría y escúrrelas nuevamente. Cortar las gambas.

3. En un tazón extra grande no reactivo, combine los camarones, el pepino, el apio, la cebolla, el jalapeño y el jugo de limón. Cubra y refrigere durante una hora, revolviendo una o dos veces.

4. Agrega los tomates, el aguacate, el cilantro, el aceite de oliva y la pimienta negra. Tapar y dejar reposar a temperatura ambiente durante 30 minutos. Mezclar bien antes de servir.

ENSALADA DE CAMARONES CON COCO RALLADO Y ESPINACAS

TAREAS ESCOLARES:25 minutos de cocción: 8 minutos Rinde: 4 porcionesFOTO

LATAS DE SPRAY DE ACEITE DE OLIVA PRODUCIDAS COMERCIALMENTEPUEDE CONTENER ALCOHOL DE MAÍZ, LECITINA Y PROPELENTE; NO ES UNA BUENA COMBINACIÓN SI INTENTAS COMER ALIMENTOS LIMPIOS Y REALES Y EVITAR LOS CEREALES, LAS GRASAS NO SALUDABLES, LAS LEGUMBRES Y LOS LÁCTEOS. EL ATOMIZADOR DE ACEITE UTILIZA SOLO AIRE PARA EMPUJAR EL ACEITE HASTA FORMAR UNA FINA NIEBLA, PERFECTA PARA CUBRIR LIGERAMENTE LOS CAMARONES CON LAS CÁSCARAS DE COCO ANTES DE FREÍRLOS.

1½ libras de camarones reales o congelados en media concha
Atomizador mixto relleno de aceite de oliva virgen extra
2 huevos
¾ taza de coco rallado o rallado sin azúcar
¾ taza de harina de almendras
½ taza de aceite de aguacate o aceite de oliva
3 cucharadas de jugo de limón fresco
2 cucharadas de jugo de lima fresco
2 dientes de ajo, finamente picados
⅛-¼ cucharadita de pimiento rojo triturado
8 tazas de espinacas tiernas frescas
1 aguacate mediano cortado por la mitad, sin hueso, pelado y en rodajas finas
1 pimiento naranja o amarillo pequeño, cortado en tiras finas
½ taza de cebolla morada picada

1. Descongele los camarones si están congelados. Pelar y pelar las gambas dejando la cola intacta. Enjuague los camarones; secar con una toalla de papel. Precaliente el

horno a 450 ° F. Cubra una bandeja para hornear grande con papel de aluminio; Cubra ligeramente la película con aceite rociado de la botella de Misto; dejar de lado, ignorar.

2. Batir los huevos con un tenedor en un plato plano. En otro bol plano, mezcla la harina de coco y las almendras. Sumerge los camarones en el huevo y voltéalos para cubrirlos. Sumerja en la mezcla de coco, presione hacia abajo para cubrir (deje la cola libre). Coloque los camarones en una sola capa en la sartén preparada. Cubra la parte superior de los camarones con aceite en aerosol de la botella de Misto.

3. Cocine de 8 a 10 minutos, o hasta que los camarones estén opacos y las cáscaras ligeramente doradas.

4. Mientras tanto, para decorar, mezcle el aceite de aguacate, el jugo de limón, el jugo de lima, el ajo y la guindilla picada en un frasco con tapón de rosca. Cubra y mezcle bien.

5. Para ensaladas, divida las espinacas en cuatro tazones. Cubra con aguacate, pimiento morrón, cebolla morada y camarones. Rocíe con el aderezo y sirva inmediatamente.

CEVICHE TROPICAL DE CAMARONES Y VIEIRAS

TAREAS ESCOLARES: 20 minutos Adobo: 30-60 minutos Rendimiento: 4-6 porciones

EL CEVICHE FRESCO Y LIGERO ES UN PLATO EXCELENTE. PARA UNA CÁLIDA NOCHE DE VERANO. CON MELÓN, MANGO, CHILE SERRANO, HINOJO Y ADEREZO DE MANGO Y LIMA (VER<u>RECETA</u>), ESTA ES LA DULCE VERSIÓN DEL ORIGINAL.

- 1 libra de almejas frescas o congeladas
- 1 libra de camarones grandes frescos o congelados
- 2 tazas de melón dulce cortado en cubitos
- 2 mangos medianos, pelados, sin hueso y cortados en cubitos (aproximadamente 2 tazas)
- 1 cabeza de hinojo, recortado, cortado en cuartos, sin corazón y en rodajas finas
- 1 pimiento rojo mediano, picado (aproximadamente ¾ de taza)
- 1-2 chiles serranos, sin semillas y en rodajas finas al gusto (ver<u>se puede decidir</u>)
- ½ taza de cilantro fresco ligeramente compacto, picado
- 1 receta de aderezo para ensalada de mango y lima (ver<u>receta</u>)

1. Descongele las almejas y los camarones si están congelados. Corta las vieiras por la mitad de forma horizontal. Pelar las gambas, pelarlas y cortarlas por la mitad en sentido horizontal. Enjuague las almejas y los camarones; secar con una toalla de papel. Llene una olla grande hasta tres cuartos de su capacidad con agua. Déjalo hervir. Agrega los camarones y las almejas; cocine de 3 a 4 minutos o hasta que los camarones y las vieiras estén opacos; escurrir y enjuagar con agua fría para que se enfríe rápidamente. Filtramos bien y dejamos reposar.

2. En un tazón extra grande, combine el melón, el mango, el hinojo, el pimiento morrón, el chile serrano y el cilantro. Agrega el aderezo para ensalada de mango y lima; revuelva suavemente para cubrir. Agregue lentamente los camarones cocidos y las vieiras. Deje marinar en el refrigerador durante 30 a 60 minutos antes de servir.

GAMBAS AL AJILLO CON ESPINACAS ASADAS Y ACHICORIA

TAREAS ESCOLARES: Tiempo de cocción de 15 minutos: 8 minutos Rinde: 3 porciones

"SCAMPI" SE REFIERE A UN PLATO CLÁSICO DE RESTAURANTE. GAMBAS GRANDES SALADAS O A LA PLANCHA CON MANTEQUILLA Y MUCHO AJO Y LIMÓN. ESTA VERSIÓN PICANTE DE ACEITE DE OLIVA ESTÁ APROBADA POR LA PALEO Y SU CONTENIDO NUTRICIONAL SE COMPLEMENTA CON UN SALTEADO RÁPIDO DE ACHICORIA Y ESPINACAS.

- 1 libra de camarones grandes frescos o congelados
- 4 cucharadas de aceite de oliva virgen extra
- 6 dientes de ajo, picados
- ½ cucharadita de pimienta negra
- ¼ vaso de vino blanco seco
- ½ taza de perejil fresco, cortado en tiras
- ½ cabeza de achicoria, sin semillas y en rodajas finas
- ½ cucharadita de chile picado
- 9 tazas de espinacas tiernas
- rodaja de limon

1. Descongele los camarones si están congelados. Pelar y pelar las gambas dejando la cola intacta. En una sartén grande, calienta 2 cucharadas de aceite de oliva a fuego medio-alto. Agrega los camarones, 4 dientes de ajo picados y la pimienta negra. Cocine y revuelva durante unos 3 minutos o hasta que los camarones se vuelvan opacos. Transfiera la mezcla de camarones a un bol.

2. Añade el vino blanco a la sartén. Cocine, revolviendo para disolver el ajo que burbujea desde el fondo de la sartén.

Vierte el vino sobre los camarones; mezclarlo. Agrega el perejil. Cubra sin apretar con papel de aluminio para mantener el calor; dejar de lado, ignorar.

3. Agregue las dos cucharadas restantes de aceite de oliva, los dos dientes de ajo picados restantes, la achicoria y el chile picado. Cocine y revuelva a fuego medio durante 3 minutos o hasta que la achicoria comience a marchitarse. Mezcla con cuidado las espinacas; cocine y revuelva de 1 a 2 minutos más o hasta que las espinacas se ablanden.

4. Para servir, divida la mezcla de espinacas en tres platos para servir; cubra con la mezcla de camarones. Sirve con rodajas de limón para envolver los camarones y las verduras.

ENSALADA DE CANGREJO CON AGUACATE, POMELO Y JÍCAMA

DE PRINCIPIO A FIN: 30 minutos de preparación: 4 porciones

LO MEJOR ES LA CARNE DE CANGREJO GIGANTE O LOMO. PARA ESTA ENSALADA. LA CARNE DE CANGREJO GRUESA VIENE EN TROZOS GRANDES QUE QUEDAN BIEN EN ENSALADAS. LA ALETA TRASERA ES UNA COMBINACIÓN DE TROZOS ROTOS DE CARNE DE CANGREJO GRANDE Y TROZOS MÁS PEQUEÑOS DE CARNE DE CANGREJO DEL CUERPO DEL CANGREJO. AUNQUE ES MÁS PEQUEÑA QUE EL CANGREJO GIGANTE, LA ALETA DORSAL FUNCIONA BIEN. POR SUPUESTO, LO MEJOR ES FRESCO, PERO EL CANGREJO CONGELADO Y DESCONGELADO ES UNA BUENA OPCIÓN.

- 6 tazas de espinacas tiernas
- ½ jícama mediana, pelada y picada*
- 2 pomelos rosados o rubí, pelados, sin semillas y partidos**
- 2 aguacates pequeños, cortados por la mitad
- 1 libra de carne de cangrejo en trozos o lomo
- Aderezo de albahaca y pomelo (ver receta a la derecha)

1. Divida las espinacas en cuatro tazones. Cubra con jícama, rodajas de pomelo y jugo acumulado, aguacate y carne de cangrejo. Sazone con salsa de pomelo y albahaca.

Aderezo de albahaca y pomelo: en un frasco con tapa de rosca, combine ⅓ taza de aceite de oliva virgen extra; ¼ de taza de jugo de toronja fresco; 2 cucharadas de jugo de naranja fresco; ½ chalota pequeña, finamente picada; 2 cucharadas de albahaca fresca finamente picada; ¼ de cucharadita de ají triturado; y ¼ de cucharadita de pimienta negra. Cubra y mezcle bien.

*Consejo: Usando un pelador en juliana, corta rápidamente la jícama en tiras finas.

** Consejo: Para partir una toronja, corte una sección del extremo del tallo y la base de la fruta. Colóquelo verticalmente sobre una superficie de trabajo. Cortar la fruta en rodajas, de arriba hacia abajo, siguiendo la forma redonda de la fruta para quitarle la cáscara en tiras. Sostenga la fruta en un tazón y use un cuchillo para cortar el centro de la fruta a lo largo de los lados de cada rebanada para liberar el corazón. Coloca las rodajas en un bol con el jugo acumulado. Deseche la médula.

COLA DE LANGOSTA ESTOFADA AL ESTILO CAJÚN CON ALIOLI DE ESTRAGÓN

TAREAS ESCOLARES:20 minutos de cocción: 30 minutos rendimiento: 4 porcionesFOTO

PARA UNA CENA ROMÁNTICA PARA DOS,ESTA RECETA SE PUEDE CORTAR FÁCILMENTE POR LA MITAD. CORTA EL CAPARAZÓN DE LA COLA DE LANGOSTA CON UNAS TIJERAS DE COCINA MUY AFILADAS PARA OBTENER UNA CARNE SABROSA.

2 recetas de condimento cajún (verreceta)
12 dientes de ajo, pelados y cortados por la mitad
2 limones cortados por la mitad
2 zanahorias grandes, peladas
2 ramas de apio, peladas
2 hinojo en rodajas finas
1 kilo de champiñones enteros
4 colas de langosta de Maine, 7-8 onzas
Brochetas de bambú de 4 x 8 pulgadas
½ taza de Paleo Aïoli (mayonesa de ajo) (verreceta)
¼ taza de mostaza Dijon (verreceta)
2 cucharadas de estragón fresco o perejil cortado en tiras

1. En una cacerola de 8 cuartos, combine 6 tazas de agua, el condimento cajún, el ajo y el limón. Déjalo hervir; hervir durante 5 minutos. Reduzca el fuego para mantener el líquido a fuego lento.

2. Cortar la zanahoria y el apio en cuatro partes. Agrega las zanahorias, el apio y el hinojo al líquido. Tape y cocine por 10 minutos. Agrega los champiñones; tape y cocine por 5

minutos. Con una espumadera, transfiera las verduras a un tazón; mantenlo caliente

3. Comenzando por el extremo del cuerpo de cada cola de langosta, deslice una brocheta entre la carne y el caparazón, casi hasta el final. (Esto evitará que la cola se doble durante la cocción). Reduzca el fuego. Cocine las colas de langosta en líquido hirviendo en una olla durante 8 a 12 minutos, o hasta que el caparazón esté de color rojo brillante y la carne tierna al pincharla con un tenedor. Retire la langosta del líquido de cocción. Sujeta las colas de langosta con un paño de cocina, luego retira y desecha las brochetas.

4. Mezcle paleo alioli, mostaza de Dijon y estragón en un tazón pequeño. Servir con langosta y verduras.

MEJILLONES FRITOS CON ALIOLI DE AZAFRÁN

DE PRINCIPIO A FIN: 1 ¼ HORA RINDE: 4 PORCIONES

ES UNA VERSION PALEO DEL CLASICO FRANCES. MEJILLONES GUISADOS EN VINO BLANCO Y HIERBAS AROMATICAS CON FINAS Y CRUJIENTES PATATAS BLANCAS. DESECHE LAS CONCHAS QUE NO SE CIERREN ANTES DE COCINARLAS Y LAS QUE NO SE ABRAN DESPUES DE COCINARLAS.

CHIPS DE CHIRIVIA
1½ libras de chirivía, pelada y cortada en tiras en juliana de 3 x ¼ de pulgada

3 cucharadas de aceite de oliva

2 dientes de ajo picados

¼ cucharadita de pimienta negra

⅛ cucharadita de pimienta de cayena

ALIOLI DE AZAFRAN
⅓ taza de Paleo Alioli (mayonesa de ajo) (ver receta)

⅛ cucharadita de azafrán finamente picado

LAS CONCHAS
4 cucharadas de aceite de oliva

½ taza de chalotas finamente picadas

6 dientes de ajo, picados

¼ cucharadita de pimienta negra

3 copas de vino blanco seco

3 ramitas grandes de perejil plano

4 kilos de mejillones limpios y pelados*

¼ taza de perejil italiano fresco picado (hoja plana)

2 cucharadas de estragón fresco picado (opcional)

1. Para las chirivías fritas, precaliente el horno a 450° F. Remoje las chirivías cortadas en suficiente agua fría para cubrirlas en el refrigerador durante 30 minutos; filtrar y secar con papel absorbente.

2. Forre una bandeja para hornear grande con papel de hornear. Coloca las chirivías en un bol muy grande. En un tazón pequeño, mezcle 3 cucharadas de aceite de oliva, 2 dientes de ajo picados, ¼ de cucharadita de pimienta negra y pimienta de cayena; espolvorear con chirivía y tapar. Coloque las chirivías en una capa uniforme en el molde preparado. Cocine de 30 a 35 minutos o hasta que esté suave y comience a dorarse, revolviendo ocasionalmente.

3. Para el alioli, mezcle el alioli Paleo y el azafrán en un tazón pequeño. Cubra y refrigere hasta que esté listo para servir.

4. Mientras tanto, caliente 4 cucharadas de aceite de oliva en una sartén de 6 a 8 cuartos o en una olla a fuego medio. Agrega las chalotas, 6 dientes de ajo y ¼ de cucharadita de pimienta negra; cocine unos 2 minutos o hasta que estén suaves y marchitos, revolviendo con frecuencia.

5. Agrega el vino y las ramitas de perejil a la olla; hervir. Agrega las almejas, mezcla un par de veces. Cubra bien y cocine a fuego lento de 3 a 5 minutos o hasta que la cáscara se abra, revolviendo dos veces. Deseche las conchas que no se abran.

6. Con una espumadera grande, transfiera las almejas a platos poco profundos. Retire y deseche las ramitas de perejil del líquido de cocción; Vierte el líquido de cocción sobre las

almejas. Espolvorea con perejil picado y, si lo deseas, estragón. Sirva inmediatamente con chips de chirivía y alioli de azafrán.

*Consejo: Cocine los mejillones el día de la compra. Si usa almejas silvestres, remójelas en un recipiente con agua fría durante 20 minutos para ayudar a eliminar la arena y la arenilla. (Esto no es necesario para las almejas criadas en granjas). Con un cepillo rígido, frote las almejas una a la vez con agua corriente fría. Mejillones a la mostaza unos 10-15 minutos antes de cocinarlos. Una barba es un pequeño grupo de fibras que emergen del caparazón. Para quitarse la barba, agarre el cordón entre el pulgar y el índice y tire de él hacia la correa para la muñeca. (Este método no mata la almeja). También puedes usar pinzas o pinzas para pescado. Asegúrate de que las conchas de cada almeja estén bien cerradas. Si hay conchas abiertas, golpéalas suavemente sobre la encimera. Deseche las conchas que no se cierren en unos minutos.

MEJILLONES AL HORNO CON SALSA DE REMOLACHA

DE PRINCIPIO A FIN:30 minutos de preparación: 4 porciones<u>FOTO</u>

POR LA HERMOSA CORTEZA DORADA,ASEGÚRESE DE QUE LA SUPERFICIE DE LAS VIEIRAS ESTÉ MUY SECA Y QUE LA SARTÉN ESTÉ CALIENTE ANTES DE AGREGARLAS A LA SARTÉN. ADEMÁS, DEJE LAS VIEIRAS EN REPOSO DURANTE 2 O 3 MINUTOS Y REVÍSELAS CUIDADOSAMENTE ANTES DE DARLES LA VUELTA.

1 libra de almejas frescas o congeladas, séquelas con toallas de papel
3 remolachas medianas, peladas y picadas
½ manzana Granny Smith, pelada y cortada en cubitos
2 jalapeños, pelados, sin semillas y picados (ver<u>se puede decidir</u>)
¼ de taza de cilantro fresco picado
2 cucharadas de cebolla morada picada
4 cucharadas de aceite de oliva
2 cucharadas de jugo de lima fresco
pimienta blanca

1. Descongelar las almejas si están congeladas.

2. Para el aderezo de remolacha, combine la remolacha, la manzana, el jalapeño, el cilantro, la cebolla, 2 cucharadas de aceite de oliva y el jugo de limón en un tazón mediano. Mezclar bien. Reserva mientras preparas las vieiras.

3. Enjuagar las almejas; secar con una toalla de papel. En una sartén grande, calienta las 2 cucharadas restantes de aceite de oliva a fuego medio-alto. Agrega las almejas; cocine de 4 a 6 minutos o hasta que el exterior esté dorado y ligeramente opaco. Espolvorea ligeramente las vieiras con pimienta blanca.

4. Al servir, distribuya la salsa de remolacha uniformemente en los platos para servir; almeja encima. Servir inmediatamente.

VIEIRAS A LA PLANCHA CON SALSA DE PEPINO Y ENELDO

TAREAS ESCOLARES:35 minutos de frío: 1-24 horas grill: 9 minutos Rendimiento: 4 porciones

AQUÍ TIENES UN CONSEJO PARA PREPARAR EL AGUACATE PERFECTO:CÓMPRELOS CUANDO ESTÉN DE COLOR VERDE BRILLANTE Y DUROS, LUEGO DÉJELOS MADURAR EN LA ENCIMERA DURANTE UNOS DÍAS HASTA QUE CEDAN UN POCO AL PRESIONARLOS LIGERAMENTE CON EL DEDO. SI ESTÁN DUROS E INMADUROS, NO SE DAÑAN DURANTE EL TRANSPORTE AL MERCADO.

- 12 a 16 almejas frescas o congeladas (1¼ a 1¾ libras en total)
- ¼ taza de aceite de oliva
- 4 dientes de ajo, picados
- 1 cucharadita de pimienta negra recién molida
- 2 calabacines medianos, cortados en rodajas y cortados por la mitad a lo largo
- ½ pepino mediano, cortado por la mitad a lo largo y en rodajas finas a lo ancho
- 1 aguacate mediano cortado por la mitad, sin hueso, pelado y cortado en cubitos
- 1 tomate mediano, sin corazón, sin corazón y picado
- 2 cucharaditas de menta fresca picada
- 1 cucharadita de eneldo fresco picado

1. Descongelar las almejas si están congeladas. Enjuague las almejas con agua fría; secar con una toalla de papel. En un bol grande, mezcla 3 cucharadas de aceite, el ajo y ¾ de cucharadita de pimienta. Agrega las almejas; revuelva suavemente para cubrir. Cubra y refrigere durante al menos 1 hora o hasta 24 horas, revolviendo ocasionalmente.

2. Unte la mitad de los calabacines con la cucharada restante de aceite; espolvoree uniformemente con el ¼ de cucharadita de pimienta restante.

3. Escurrir las vieiras y verter la marinada. Pase dos brochetas de 10 a 12 pulgadas a través de cada vieira, usando de 3 a 4 por par de brochetas, dejando un espacio de media pulgada entre las vieiras. * (Coloca las vieiras en dos brochetas para mantenerlas estables al cortarlas y darles la vuelta).

4. En una parrilla de carbón o gas, coloque las brochetas de vieiras y las mitades de calabacín directamente sobre la parrilla a fuego medio. **Cubra y cocine hasta que las vieiras estén opacas y el calabacín tierno, volteándolo a la mitad de la parrilla. Espere de 6 a 8 minutos para las vieiras y de 9 a 11 minutos para los calabacines.

5. Mientras tanto, combine el pepino, el aguacate, el tomate, la menta y el eneldo en un tazón mediano para la salsa. Mezclar bien. Coloque una brocheta de vieira en cada uno de los cuatro platos para servir. Corta los calabacines por la mitad en diagonal y añádelos a los platos junto con las vieiras. Vierta la mezcla de pepino de manera uniforme sobre las vieiras.

*Consejo: Si usas brochetas de madera, remójalas en suficiente agua para cubrirlas durante 30 minutos antes de usarlas.

** Asar a la parrilla: Prepárelo como se describe en el paso 3. Coloque las brochetas de vieiras y las mitades de calabacín en una parrilla sin calentar. Ase a 4 a 5 pulgadas del fuego hasta que las vieiras estén opacas y el calabacín tierno, volteándolos a la mitad de la cocción. Espere de 6 a 8 minutos para las vieiras y de 10 a 12 minutos para los calabacines.

MEJILLONES A LA PLANCHA CON TOMATE, ACEITE DE OLIVA Y SALSA DE VERDURAS

TAREAS ESCOLARES: 20 minutos tiempo de cocción: 4 minutos rendimiento: 4 porciones

LA SALSA ES CASI COMO UNA VINAGRETA TIBIA. AGREGUE EL ACEITE DE OLIVA, LOS TOMATES FRESCOS CORTADOS EN CUBITOS, EL JUGO DE LIMÓN Y LAS HIERBAS Y CALIENTE MUY LENTAMENTE, LO SUFICIENTE PARA COMBINAR LOS SABORES, LUEGO SIRVA CON VIEIRAS FRITAS Y ENSALADA CRUJIENTE DE SEMILLAS DE GIRASOL.

VIEIRAS Y SALSA

- 1 a 1,5 libras de almejas grandes, frescas o congeladas (unas 12)
- 2 tomates Roma grandes, pelados, *sin semillas y picados
- ½ taza de aceite de oliva
- 2 cucharadas de jugo de limón fresco
- 2 cucharadas de albahaca fresca picada
- 1-2 cucharaditas de cebollino finamente picado
- 1 cucharada de aceite de oliva

ENSALADA

- 4 tazas de semillas de girasol
- 1 limón cortado en rodajas
- Aceite de oliva virgen extra

1. Descongelar las almejas si están congeladas. Enjuague la cáscara; Lo sé, déjalo a un lado, ignóralo.

2. Para la salsa, combine los tomates, ½ taza de aceite de oliva, el jugo de limón, la albahaca y el cebollino en una cacerola pequeña; dejar de lado, ignorar.

3. Calienta 1 cucharada de aceite de oliva en una sartén grande a fuego medio-alto. Agrega las almejas; cocine de 4 a 5 minutos o hasta que esté dorado y opaco, volteándolo una vez a la mitad de la cocción.

4. Coloque los brotes en un recipiente para servir para la ensalada. Presione los aros de limón sobre los brotes y rocíe con un poco de aceite de oliva. Mezclar para comparar.

5. Calienta la salsa a fuego lento hasta que esté tibia; no hervir Al servir, vierta un poco de salsa en el centro del plato; cubra con 3 vieiras. Sirva con ensalada de brotes.

* Consejo: Para pelar los tomates fácilmente, colócalos en una olla con agua hirviendo durante 30 segundos a un minuto o hasta que la piel comience a partirse. Retire los tomates del agua hirviendo y colóquelos inmediatamente en un recipiente con agua helada para detener el proceso de cocción. Cuando los tomates estén lo suficientemente fríos para manipularlos, quítales la piel.

COLIFLOR FRITA CON COMINO CON HINOJO Y CEBOLLETAS

TAREAS ESCOLARES:15 minutos de cocción: 25 minutos rendimiento: 4 porcionesFOTO

HAY ALGO PARTICULARMENTE ATRACTIVO EN ELLO.EN LA COMBINACIÓN DE COLIFLOR ASADA Y EL SABOR TOSTADO Y TERROSO DEL COMINO. ESTE PLATO AÑADIÓ LA DULZURA DE LAS GROSELLAS SECAS. SI LO DESEA, PUEDE AGREGAR UN POCO DE CALOR EN EL PASO 2 CON ¼-½ CUCHARADITA DE PIMIENTO ROJO TRITURADO Y COMINO Y GROSELLAS.

3 cucharadas de aceite de coco sin refinar
1 coliflor de cabeza mediana cortada en floretes (4-5 tazas)
2 cabezas de hinojo, picadas en trozos grandes
1 1/2 tazas de cebolletas congeladas, descongeladas y escurridas
¼ de taza de grosellas secas
2 cucharaditas de comino molido
eneldo fresco picado (opcional)

1. Calienta el aceite de coco en una sartén extra grande a fuego medio. Añade la coliflor, el hinojo y las cebolletas. Tape y cocine por 15 minutos, revolviendo ocasionalmente.

2. Reduzca el fuego a medio-bajo. Agrega las grosellas y el comino a la sartén; cocine, sin tapar, durante unos 10 minutos o hasta que la coliflor y el hinojo estén tiernos y dorados. Adorne con eneldo si lo desea.

SALSA ESPESA DE TOMATE Y BERENJENA CON ESPAGUETIS DE CALABAZA

TAREAS ESCOLARES:30 minutos de cocción: 50 minutos de enfriamiento: 10 minutos de cocción: 10 minutos de preparación: 4 porciones

ESTA GUARNICIÓN PICANTE ES FÁCIL DE REVERTIR.EN LA CALLE PRINCIPAL. AGREGUE APROXIMADAMENTE MEDIO KILO DE CARNE MOLIDA O BISONTE COCIDO A LA MEZCLA DE BERENJENA Y TOMATE DESPUÉS DE ROMPERLA LIGERAMENTE CON UN MACHACADOR DE PAPAS.

1 calabaza espagueti, 2-2½ libras

2 cucharadas de aceite de oliva

1 taza de berenjena, pelada y picada

¾ taza de cebolla picada

1 pimiento rojo pequeño, picado (½ taza)

4 dientes de ajo, picados

4 tomates rojos medianamente maduros, pelados y picados al gusto (aproximadamente 2 tazas)

½ taza de albahaca fresca picada

1. Precaliente el horno a 375°F. Forre una bandeja para hornear pequeña con papel de hornear. Corta la calabaza espagueti por la mitad a lo largo de la línea. Con una cuchara grande, raspe las semillas y la fibra. Coloque las mitades de calabaza con el lado cortado hacia abajo en una bandeja para hornear preparada. Cocine sin tapar durante 50 a 60 minutos o hasta que la calabaza esté suave. Dejar enfriar sobre una rejilla durante unos 10 minutos.

2. Mientras tanto, calienta el aceite de oliva en una sartén grande a fuego medio. Agrega la cebolla, la berenjena y el pimiento morrón; cocine de 5 a 7 minutos o hasta que las verduras estén tiernas, revolviendo ocasionalmente. Agrega el ajo; cocine y revuelva por otros 30 segundos. Agrega los tomates; cocine de 3 a 5 minutos o hasta que los tomates estén suaves, revolviendo ocasionalmente. Triture ligeramente la mezcla con un machacador de patatas. Agrega la mitad de la albahaca. Tape y cocine por 2 minutos.

3. Utilice un soporte o una toalla para sujetar las mitades de calabaza. Coloca la pulpa de la calabaza en un tazón mediano con un tenedor. Divida la calabaza en cuatro tazones. Unte uniformemente con la salsa. Espolvorea con la albahaca restante.

HONGOS PORTOBELLO GUISADOS

TAREAS ESCOLARES:35 minutos de cocción: 20 minutos de cocción: 7 minutos rendimiento: 4 porciones

PARA EL PORTOBELLO MÁS FRESCOBUSQUE HONGOS CON TALLOS AÚN INTACTOS. LAS BRANQUIAS DEBEN ESTAR HÚMEDAS, PERO NO MOJADAS NI NEGRAS, CON BUENOS ESPACIOS ENTRE ELLAS. PARA PREPARAR LOS CHAMPIÑONES, LÍMPIALOS CON UNA TOALLA DE PAPEL LIGERAMENTE HÚMEDA. NUNCA SUMERJAS NI SUMERJAS EL HONGO EN AGUA; QUEDARÁN MUY ABSORBENTES, SUAVES Y MOJADAS CON AGUA.

- 4 champiñones portobello grandes (aproximadamente 1 libra en total)
- ¼ taza de aceite de oliva
- 1 cucharada de condimento ahumado (ver receta)
- 2 cucharadas de aceite de oliva
- ½ taza de chalotes picados
- 1 cucharada de ajo picado
- 1 libra de acelgas, sin tallos y picadas (aproximadamente 10 tazas)
- 2 cucharaditas de especias mediterráneas (ver receta)
- ½ taza de rábanos picados

1. Precalienta el horno a 200°C. Retire los tallos de los champiñones y reserve para el Paso 2. Quite las branquias de las tapas con la punta de una cuchara; desecha las branquias. Coloque las tapas de los champiñones en una fuente para hornear rectangular de 3 cuartos; Unte ambos lados de los champiñones con ¼ de taza de aceite de oliva. Gire la tapa del champiñón de modo que el lado del tallo quede hacia arriba y espolvoree con especias ahumadas. Cubre la sartén con papel de aluminio. Cocine tapado durante unos 20 minutos o hasta que estén tiernos.

2. Mientras tanto, corta el tallo del champiñón reservado; dejar de lado, ignorar. Para hacer acelgas, retire las nervaduras gruesas de las hojas y deséchelas. Cortar las hojas de acelgas en trozos grandes.

3. En una sartén extra grande, caliente 2 cucharadas de aceite de oliva a fuego medio. Agrega las chalotas y el ajo; cocine y revuelva durante 30 segundos. Añade los tallos de los champiñones finamente picados, las acelgas picadas y las especias mediterráneas. Cocine sin tapar de 6 a 8 minutos, o hasta que las acelgas estén suaves, revolviendo ocasionalmente.

4. Divida la mezcla de acelgas entre las tapas de champiñones. Vierta el líquido restante de la sartén sobre los champiñones rellenos. Ponemos encima el rábano finamente picado.

ACHICORIA ASADA

TAREAS ESCOLARES: 20 minutos de cocción: 15 minutos rendimiento: 4 porciones

LA ACHICORIA SE COME A MENUDO COMO PARTE DE UNA ENSALADA PARA PROPORCIONAR UN AGRADABLE AMARGOR ENTRE LAS VERDURAS MIXTAS, PERO TAMBIÉN SE PUEDE FREÍR O ASAR SOLO. UN LIGERO AMARGOR ES INHERENTE A LA ACHICORIA, PERO NO QUERRÁS QUE DOMINE. BUSQUE COGOLLOS MÁS PEQUEÑOS CON HOJAS FRESCAS, CRUJIENTES Y NO MARCHITAS. EL EXTREMO CORTADO PUEDE SER LIGERAMENTE MARRÓN, PERO DEBE SER MAYORMENTE BLANCO. EN ESTA RECETA, UN CHORRITO DE VINAGRE BALSÁMICO AÑADE UN TOQUE DE DULZURA ANTES DE SERVIR.

2 cabezas grandes de diente de león

¼ taza de aceite de oliva

1 cucharadita de condimento mediterráneo (ver receta)

¼ de taza de vinagre balsámico

1. Precaliente el horno a 400°F. Cortar la achicoria en cuartos, dejando algunas semillas (deben quedar 8 gajos). Unte el lado cortado de las rodajas de achicoria con aceite de oliva. Coloque las rebanadas con el lado cortado hacia abajo en una bandeja para hornear; espolvorear con especias mediterráneas.

2. Cocine durante aprox. Cocine durante 15 minutos o hasta que la achicoria se ablande, volteándola una vez a la mitad de la cocción. Coloque la achicoria en un plato para servir. Sazone con vinagre balsámico; servir inmediatamente.

HINOJO ASADO CON VINAGRETA DE NARANJA

TAREAS ESCOLARES: Asado en 25 minutos: Rendimiento en 25 minutos: 4 porciones

GUARDE LA VINAGRETA RESTANTE PARA DESECHARLA. SERVIDO CON ENSALADA VERDE O CARNE DE CERDO, AVES O PESCADO A LA PARRILLA. GUARDE LA VINAGRETA RESTANTE EN UN RECIPIENTE BIEN TAPADO EN EL REFRIGERADOR HASTA POR 3 DÍAS.

- 6 cucharadas de aceite de oliva virgen extra, y más para cepillar
- 1 bulbo de hinojo grande, recortado, sin corazón y en rodajas (reserva las hojas para decorar si lo deseas)
- 1 cebolla morada, cortada en aros
- ½ naranja, cortado en rodajas finas
- ½ taza de jugo de naranja
- 2 cucharadas de vinagre de vino blanco o vinagre de champagne
- 2 cucharadas de manzanas
- 1 cucharadita de semillas de hinojo molidas
- 1 cucharadita de piel de naranja finamente rallada
- ½ cucharadita de mostaza Dijon (ver receta)
- pimienta negra

1. Precaliente el horno a 425° F. Cubra ligeramente una bandeja para hornear grande con aceite de oliva. Coloca las rodajas de hinojo, cebolla y naranja en la bandeja para hornear; rocíe con 2 cucharadas de aceite de oliva. Revuelve con cuidado las verduras para cubrirlas con el aceite.

2. Ase las verduras durante 25 a 30 minutos, o hasta que estén tiernas y ligeramente doradas, volteándolas a mitad de la cocción.

3. Mientras tanto, para la vinagreta de naranja, combine el jugo de naranja, el vinagre, la sidra, las semillas de hinojo, la ralladura de naranja, la mostaza de Dijon y la pimienta al gusto en una licuadora. Con la licuadora en funcionamiento, agregue lentamente las 4 cucharadas restantes de aceite de oliva en un chorro fino. Continuar revolviendo hasta que la vinagreta se haya espesado.

4. Transfiera las verduras a un plato para servir. Sazona las verduras con un poco de vinagreta. Si lo deseas, decora con las ramitas de hinojo reservadas.

COL RIZADA PUNJABI

TAREAS ESCOLARES:20 minutos de cocción: 25 minutos rendimiento: 4 porciones<u>FOTO</u>

ES INCREIBLE LO QUE PASAHASTA UN REPOLLO HUMILDE QUE TIENE UN SABOR DELICADO CUANDO SE COCINA CON JENGIBRE, AJO, CHILES Y ESPECIAS INDIAS. LAS SEMILLAS TOSTADAS DE MOSTAZA, CILANTRO Y COMINO AÑADEN SABOR Y CRUJIDO A ESTE PLATO. ADVERTENCIA: ¡HACE CALOR! EL CHILE PICO DE PÁJARO ES PEQUEÑO PERO MUY FUERTE Y EL PLATO TAMBIÉN VIENE CON JALAPEÑOS. SI LO QUIERES MENOS PICANTE, USA JALAPEÑO.

- 1 cucharada de 2 pulgadas de jengibre fresco, pelado y cortado en rodajas de ½ pulgada
- 5 dientes de ajo
- 1 jalapeño grande sin tallo, sin semillas y cortado por la mitad (ver<u>se puede decidir</u>)
- 2 cucharaditas de garam masala sin añadir sal
- 1 cucharadita de cúrcuma molida
- ½ taza de caldo de huesos de pollo (ver<u>receta</u>) o caldo de pollo sin sal
- 3 cucharadas de aceite de coco refinado
- 1 cucharada de semillas de mostaza negra
- 1 cucharadita de semillas de cilantro
- 1 cucharadita de semillas de comino
- 1 chile pico de pájaro (chile de árbol) (ver<u>se puede decidir</u>)
- 1 rama de canela de 3 pulgadas
- 2 tazas de cebollas amarillas en rodajas finas (unas 2 medianas)
- 12 tazas de col rizada, sin semillas y en rodajas finas (aproximadamente 1 1/2 libras)
- ½ taza de cilantro fresco picado (opcional)

1. En un procesador de alimentos o licuadora, combine el jengibre, el ajo, el jalapeño, el garam masala, la cúrcuma y

¼ de taza de caldo de pollo. Cubra y procese o mezcle hasta que quede suave; dejar de lado, ignorar.

2. En una sartén extra grande, combine el aceite de coco, las semillas de mostaza, las semillas de cilantro, las semillas de comino, el ají y la canela. Cocine a fuego medio-alto, revolviendo la sartén con frecuencia, durante 2 a 3 minutos, o hasta que la ramita de canela explote (tenga cuidado, las semillas de mostaza explotarán durante la cocción). Agrega las cebollas; cocine y revuelva durante 5 a 6 minutos o hasta que las cebollas estén ligeramente doradas. Agrega la mezcla de jengibre. Cocine durante 6-8 minutos o hasta que la mezcla esté bien caramelizada, revolviendo con frecuencia.

3. Agrega el repollo y el caldo de pollo restante; mezclar bien. Tape y cocine unos 15 minutos o hasta que el repollo esté tierno, revolviendo dos veces. Abre la sartén. Cocine y revuelva durante 6-7 minutos, o hasta que el repollo esté ligeramente dorado y el exceso de caldo de pollo se haya evaporado.

4. Retire y deseche la canela y el chile. Si lo deseas, espolvorea con cilantro.

CALABAZA ASADA CON CANELA

TAREAS ESCOLARES: 20 minutos Asado: 30 minutos Rinde: 4-6 porciones

UNA PIZCA DE PIMIENTA DE CAYENA AGREGANDO SOLO UN TOQUE DE PICANTE A ESTOS DULCES CALABACINES ASADOS EN CUBOS. ES FÁCIL OMITIRLO SI LO DESEA. SIRVA ESTA SENCILLA GUARNICIÓN CON CERDO ASADO O LOMO DE CERDO.

- 1 calabaza (aproximadamente 2 libras), pelada, sin semillas y cortada en cubos de ¾ de pulgada
- 2 cucharadas de aceite de oliva
- ½ cucharadita de tierra marrón
- ¼ cucharadita de pimienta negra
- ⅛ cucharadita de pimienta de cayena

1. Precaliente el horno a 400°F. En un tazón grande, mezcle la calabaza con el aceite de oliva, la canela, la pimienta negra y la pimienta de cayena. Forre una bandeja para hornear grande con papel de hornear. Extienda la calabaza en una sola capa sobre la bandeja para hornear.

2. Ase durante 30 a 35 minutos o hasta que la calabaza esté firme y dorada en los bordes, revolviendo una o dos veces.

ESPÁRRAGOS A LA PLANCHA CON HUEVO ESCALFADO Y NUECES

DE PRINCIPIO A FIN: 15 minutos: 4 porciones

ESTA ES UNA VERSIÓN CLÁSICA. LOS ESPÁRRAGOS SON UNA VERDURA FRANCESA LLAMADA MIMOSA, PORQUE LOS COLORES VERDE, BLANCO Y AMARILLO DEL PLATO TERMINADO RECUERDAN A LA FLOR DEL MISMO NOMBRE.

1 libra de espárragos frescos, picados

5 cucharadas de vinagreta de ajo asado (ver receta)

1 huevo duro, pelado

3 cucharadas de nueces molidas, tostadas (ver se puede decidir)

Pimienta negra recién molida

1. Coloque una rejilla del horno a 4 pulgadas del elemento calefactor; Precalienta la parrilla a fuego alto.

2. Extiende los espárragos en una bandeja para horno. Rocíe con 2 cucharadas de vinagreta de ajo asado. Con las manos, mezcle los espárragos para cubrir la vinagreta. Ase los espárragos de 3 a 5 minutos o hasta que estén suaves y tiernos, volteando los espárragos cada minuto. Transfiera a un plato para servir.

3. Cortar el huevo por la mitad; Pase el huevo por el colador sobre los espárragos. (El huevo también se puede rallar con un rallador de caja con un agujero grande). Sazone los espárragos y el huevo con las 3 cucharadas restantes de la vinagreta de ajo asado. Espolvorea la parte superior con nueces y espolvorea con pimienta.

ENSALADA CRUJIENTE CON RÁBANOS, MANGO Y MENTA

DE PRINCIPIO A FIN: Tiempo de preparación 20 minutos: 6 porciones<u>FOTO</u>

- 3 cucharadas de jugo de limón fresco
- ¼ cucharadita de pimienta de cayena
- ¼ cucharadita de comino molido
- ¼ taza de aceite de oliva
- 4 tazas de repollo picado
- 1½ tazas de rábanos en rodajas finas
- 1 taza de mango maduro picado
- ½ taza de cebollino, cortado por la mitad
- ⅓ taza de menta fresca picada

1. Para cubrir, combine el jugo de limón, la pimienta de cayena y el comino molido en un tazón grande. Agrega el aceite de oliva poco a poco.

2. Añade el repollo, los rábanos, el mango, las cebolletas y la menta al aderezo en un bol. Mezclar bien.

COL RIZADA ASADA CON LIMÓN DULCE

TAREAS ESCOLARES: Asar durante 10 minutos: 30 minutos Rinde: 4-6 porciones

3 cucharadas de aceite de oliva
1 repollo mediano, cortado en rodajas de 1 pulgada de grosor
2 cucharaditas de mostaza Dijon (ver receta)
1 cucharadita de ralladura de limón finamente rallada
¼ cucharadita de pimienta negra
1 cucharadita de semillas de comino
rodaja de limon

1. Precaliente el horno a 400°F. Engrase una bandeja para hornear con borde grande con 1 cucharada de aceite de oliva. Coloque las rodajas de repollo en una bandeja para hornear; dejar de lado, ignorar.

2. Mezcle las 2 cucharadas restantes de aceite de oliva, la mostaza Dijon y la ralladura de limón en un tazón pequeño. Cepille las rodajas de repollo en una bandeja para hornear, asegurándose de que la mostaza y la ralladura de limón se distribuyan uniformemente. Espolvorea con pimienta y semillas de comino.

3. Ase durante 30 a 35 minutos o hasta que el repollo esté tierno y los bordes dorados. Sirva con rodajas de limón para exprimir sobre la col rizada.

REPOLLO ASADO CON NARANJA Y VINAGRE BALSÁMICO

TAREAS ESCOLARES: Asar durante 15 minutos: 30 minutos Rinde: 4 porciones

3 cucharadas de aceite de oliva
1 cabeza pequeña de repollo, sin semillas y cortada en 8 rodajas
½ cucharadita de pimienta negra
⅓ taza de vinagre balsámico
2 cucharaditas de piel de naranja finamente rallada

1. Precaliente el horno a 450°F. Engrase una bandeja para hornear con borde grande con 1 cucharada de aceite de oliva. Coloca las rodajas de repollo en la bandeja para hornear. Unte la col rizada con las 2 cucharadas restantes de aceite de oliva y espolvoree con pimienta.

2. Asa el repollo durante 15 minutos. Voltear las rodajas de repollo; Ase durante unos 15 minutos más, o hasta que el repollo esté tierno y dorado en los bordes.

3. En un tazón pequeño, mezcle el vinagre balsámico y la ralladura de naranja. Llevar a ebullición a temperatura media; reduzca Cocine a fuego lento sin tapar durante unos 4 minutos o hasta que se reduzca a la mitad. Espolvorea las rodajas de repollo frito; servir inmediatamente.

www.ingramcontent.com/pod-product-compliance
Lightning Source LLC
Chambersburg PA
CBHW071828110526
44591CB00011B/1263